浙江省社科联社科普及课题成果：“国际创客创业投资法律手册”（19ZC17）成果

国际创客创业投资法律手册

吴 雷 著

图书在版编目（CIP）数据

国际创客创业投资法律手册 / 吴雷著. -- 北京 : 中国原子能出版社，2019.9（2021.1 重印）

ISBN 978-7-5221-0064-7

Ⅰ. ①国… Ⅱ. ①吴… Ⅲ. ①创业投资－金融法－中国－手册 Ⅳ. ① D922.28-62

中国版本图书馆 CIP 数据核字 (2019) 第 209184 号

内容简介

随着国际贸易的不断推进，中国与世界许多地区和国家的贸易越来越密切，国际创客来中国创业正成为潮流。而近年来一跃成为国内双创高地的浙江，尤其是作为全球最大的小商品集散地和新丝路的起点城市之一的义乌，也成为国际创客们的重要选择。义乌国际创客众多，已经形成了独特的国际创客文化，但是国际创客在创业投资过程中的法律咨询和服务需求也日益增大。因此我们对国际创客创业投资的法律服务进行的深入分析研究对于推进国际贸易的发展有着一定的意义。

国际创客创业投资法律手册

出版发行	中国原子能出版社（北京市海淀区阜成路 43 号　100048）
责任编辑	高树超
装帧设计	河北优盛文化传播有限公司
责任校对	冯莲凤
责任印制	潘玉玲
印　　刷	定州启航印刷有限公司
开　　本	710 mm×1000 mm　1/16
印　　张	11
字　　数	203 千字
版　　次	2019 年 9 月第 1 版　　2021 年 1 月第 2 次印刷
书　　号	ISBN 978-7-5221-0064-7
定　　价	45.00 元

发行电话：010-68452845　

前言

随着“一带一路”倡议在国际上得到越来越多的认可，中国与“一带一路”沿线地区和国家的贸易往来日益频繁，国际创客来华创业成为潮流。而近年来一跃成为国内双创高地的浙江尤其是作为全球最大的小商品集散地和新丝路的起点城市之一的义乌，也成为外国创客们的重要选择。

义乌是全国经济外向度最高的城市之一，共有 100 多个国家和地区的 1 万多名国际创客常驻义乌，每年有近 50 万人次的境外采购商，5 300 多家各类涉外机构，商品出口 210 多个国家和地区。义乌作为新丝路的起点之一，在中国“一带一路”布局中处于新丝路经济带的重要战略节点。2017 年 5 月 15 日，国家主席习近平在“一带一路”国际合作高峰论坛上点赞义乌，这也是 3 年来习近平第 5 次在重要国际交流场合为义乌点赞。

义乌是全球最大的小商品集散地和国际贸易高度发达的城市，相关统计分析数据显示，2018 年义乌新设外资公司共 1 022 户，同比增长 22%，占义乌新设外资主体的 95%，占浙江省新设外资公司的 20%。这是义乌外资公司年度新设数量首次超过 1 000 家，并超越外资合伙企业，成为义乌最大的外资主体。义乌国际创客众多，已经形成了独特的国际创客文化，国际创客在创业投资过程中的法律咨询和服务需求也日益增大。因此，我们将对国际创客创业投资的法律服务进行深入的分析和研究，一方面能为义乌的国际创客群体提供有效借鉴，另一方面也具备辐射效应，对于加速“一带一路”倡议的推广有一定的意义。

本书选择义乌这个典型区域的国际创客为研究对象，通过查阅法律文献和与国际创客相关的法律法规，收集国际创客创业投资案例，采用访谈及问卷调查，了解国际创客创业投资过程中遇到的法律问题及发展瓶颈，深入剖析国际创客的法律服务需求。同时，通过本书的推广，能在一定程度上普及国际创客创业投资法律知识，推动政府对国际创客的政策扶持，加强对国际创客群体的法律援助及服务。

目录

第一章　国际创客投资企业设立

第一节　国际创客投资企业的设立方式

一、直接投资设立企业

国际创客直接投资在华设立企业的主要形式包括中外合资经营企业、中外合作经营企业和国际创客独资企业，其他投资方式包括设立国际创客投资股份有限公司、投资性公司、中外合作开发和BOT（项目建设—运营—转让）模式等。

（一）中外合资经营企业

中外合资经营企业亦称股权式合营企业。它是由外国公司、企业和其他经济组织或个人与中国的公司、企业或其他经济组织在中国境内共同投资创办的企业。其特点是合营各方共同投资、共同经营，按各自的出资比例共担风险、共负盈亏。中外合资经营企业的组织形式为有限责任公司，具有中国法人地位。外国投资者所占注册资本的投资比例一般不得少于25%。合营者可用现金出资，也可用建筑物、厂房、机器设备或其他物料、工业产权、专有技术、场地使用权等作价出资。外国投资者分得的利润和其他合法权益可以汇出境外，也可以在境内进行再投资。

（二）中外合作经营企业

中外合作经营企业亦称契约式合营企业。它是由外国公司、企业和其他经济组织或个人同中国的公司、企业或其他经济组织在中国境内根据中外方提供的合作条件共同创办的企业。中外合作经营企业应由合作各方就各自提供的条件、权利、义务、收益分配或风险、债务的承担、企业的管理方式、期满后的财产处理等共同协商，在企业合同中做出明确约定。举办中外合作经营企业一般由外国合作者提供全部或大部分资金、技术、关键设备等，中方通常负责提供土地使用权、现有厂房设施或部分资金等。合作经营企业可以是具有法人资格的，也可以是不具有法人资格的企业。

（三）国际创客独资企业

外资企业指外国的公司、企业和其他经济组织或者个人依照相关中国法律在中国境内设立的全部资本由外国投资者投资的企业。国际创客独资企业的组织形式为有限责任公司，不包括外国的企业和其他经济组织在中国境内的分支机构。

（四）国际创客投资股份有限公司

国际创客投资股份有限公司是指外国的公司、企业和其他经济组织或个人与中国的公司、企业或其他经济组织按照平等互利的原则，通过认购一定比例的股份，在中国境内共同创办的公司。国际创客投资股份有限公司全部资本由等额股份构成，各股东以其所认购的股份对公司承担责任，公司以全部财产对公司债务承担责任。它是国际创客投资企业的一种形式，适用于中国法律、法规对国际创客投资企业的有关规定。

（五）投资性公司

投资性公司是指外国投资者在中国境内以独资或与中国投资者合资的形式设立的从事直接投资的公司，其组织形式为有限责任公司。申请设立投资性公司的外国投资者必须资信良好，拥有创办投资性公司所必需的经济实力，申请前一年该投资者的资产总额不得低于 4 亿美元，且该投资者在中国境内已经设立了国际创客投资企业，其实际缴付的注册资本的出资额超过 1 000 万美元，或者该投资者在中国境内已设立了 10 个以上国际创客投资企业，其实际缴付的注册资本的出资额超过 3 000 万美元。

（六）中外合作开发

中外合作开发是指中国公司与外国公司通过订立风险合同，对海上和陆上石油、矿产资源进行合作勘探开发。它是目前国际上在自然资源领域广泛使用的一种经济合作方式，其最大的特点是高风险、高投入、高收益。合作开发一般分为三个阶段，即勘探、开发和生产阶段。

（七）BOT

BOT 模式是指投资者在投资国承担一个既定的工业项目或基础设施项目，负责项目的建造、营运、维修和转让。投资者在固定期限内营运设施，并且被允许在该期限内收回对该项目的投资、营运费、维修费及其他费用，在规定的期限满后，将该项目转让给项目方的政府。在中国以 BOT 模式设立项目公司形式被应用于高速公路、电厂、污水处理等领域。

（八）合伙企业

2009 年 11 月 25 日，国务院发布《外国企业或者个人在中国境内设立合伙企业管理办法》(以下简称《管理办法》)，于 2010 年 3 月 1 日起实施。《管理办法》允许外国企业或者个人在中国境内设立合伙企业，并规定国际创客投资合伙企业的设立直接向企业登记机关申请登记，不用到商务部门审批，简化了行政审批程序。《管理办法》规定，申请设立国际创客投资合伙企业时，申请人应当向企业登记机关提交符合国际创客投资产业政策的说明。

外国企业或者个人在中国境内设立合伙企业主要包括三种情形：一是两个以上外国企业或者个人在中国境内设立合伙企业；二是外国企业或者个人与中国的自然人、法人和其他组织在中国境内设立合伙企业；三是中国的自然人、法人和其他组织在中国境内设立合伙企业后，国际创客通过入伙或者受让合伙企业财产份额的方式成为合伙人。

中外合作的非法人企业的设立登记适用于《中华人民共和国中外合作经营企业法》《中华人民共和国中外合作经营企业法实施细则》《中华人民共和国企业法人登记管理条例》的规定，中外合伙创办的企业适用《中华人民共和国合伙企业法》和《管理办法》。国际创客投资的投资性公司、创业投资性企业在中国境内设立合伙企业或者申请入伙中国的自然人、法人和其他组织在中国境内已经设立的合伙企业，适用于《中华人民共和国合伙企业法》和《管理办法》，在中国境内设立公司的，适用《中华人民共和国公司法》和《中华人民共和国公司登记管理条例》的规定。

二、外资并购境内企业

进入 21 世纪以来，我国利用外资事业进入一个新的发展阶段。外资在我国经济发展中的影响越来越大，外资并购国内企业日益成为国际创客直接投资国内市场的重要方式之一，通过并购方式投资具有较为明显的优势，其优势主要体现在三个方面：第一，采取并购的方式可以节省投资时间、资金、精力和风险；第二，通过并购控股可以用少量的资本控制、运用更多的资产，谋求更多的利润；第三，借助并购可以绕开各种各样的障碍，直接进入并购企业所在产业和已有的市场。

商务部、国务院国有资产监督管理委员会、国家税务总局、国家工商行政管理总局、中国证券监督管理委员会、国家外汇管理局联合公布的《关于外国投资者并购境内企业的规定》于 2006 年 9 月 8 日正式施行。该规定一方面对外资企业境内并购的范围进行了更为严格的约束，强化了审批环节的反垄断审查；另一方面对外资并购的操作环节特别是对 SPV（特殊目的公司）的设立、跨境换股等技术细节进行了更为细致的规定，使大部分并购有规可依。

根据《关于外国投资者并购境内企业的规定》，外国投资者并购境内企业应符合 10 项基本要求：

第一，遵守中国的法律、行政法规和规章。第二，遵循公平合理、等价有偿、诚实信用的原则。第三，不得造成过度集中、排除或限制竞争。第四，不得扰乱社会经济秩序和损害社会公共利益。第五，不得导致国有资产流失。第六，应符合中国法律、行政法规和规章对投资者资格的要求。第七，应符合中国法律、行政法规和规章对涉及的产业、土地、环保等方面的政策要求。第八，依照《外商投资产业指导目录》，不允许外国投资者独资经营的产业，并购不得导致外国投资者持有企业全部股权；需由中方控股或相对控股的产业，该产业的企业被并购后，仍应由中方在企业中居控股或相对控股地位；禁止外国投资者经营的产业，外国投资者不得并购从事该产业的企业。第九，被并购境内企业原有的经营范围应符合有关国际创客投资产业政策的要求。对不符合要求的，应先进行调整。第十，根据需要增加规定的其他要求。

《关于外国投资者并购境内企业的规定》在允许货币现金作为唯一支付手段的基础上，又增加了以股权作为支付手段的规定，符合国际惯例，有助于推动中国企业与国际市场相融合，有助于企业跨国并购，尤其是为特殊目的公司的操作提供了有力的支持。该规定将外资并购划分为股权并购与资产并购两大类。

（一）股权并购

股权并购是指外国投资者购买境内非国际创客投资企业（以下简称“境内公司”）股东的股权或认购境内公司增资使该境内公司变更设立为国际创客投资企业。股权并购的方式可以分为两类：以货币现金购买境内公司股东股权或认购境内公司增资股权；以境外特殊目的公司股东股权或特殊目的公司以其增发的股份购买境内公司股东股权或认购境内公司增资股权。

在实践中，股权并购通常有 4 种操作模式：境外公司的股东以其持有的境外公司股权作为支付手段购买境内公司股东股权的模式；境外公司的股东以其持有的境外公司股权作为支付手段认购境内公司增发股份模式；境外公司以其增发的股份作为支付手段，购买境内公司股东的股权模式；境外公司以其增发的股份作为支付手段，认购境内公司增发股份模式。

（二）资产并购

资产并购是指外国投资者设立国际创客投资企业，并通过该企业协议购买境内企业资产且运营该资产；或外国投资者协议购买境内企业资产，并以该资产投资设立国际创客投资企业运营该资产。

资产并购仅允许以货币现金购买境内公司资产，而排除以股权作为支付对价购买境内公司资产的情形。需要注意的是，从注册资本与投资总额设立比例关系的角度来看，《关于外国投资者并购境内企业的规定》对资产并购未设有硬性的具体比例限制，而对股权并购则明确规定了 4 个数额阶段的比例限制：注册资本在 210 万美元以下的，投资总额不得超过注册资本的 10/7；注册资本在 210 万美元以上至 500 万美元的，投资总额不得超过注册资本的 2 倍；注册资本在 500 万美元以上至 1 200 万美元的，投资总额不得超过注册资本的 2.5 倍；注册资本在 1 200 万美元以上的，投资总额不得超过注册资本的 3 倍。

从《关于外国投资者并购境内企业的规定》中可以看出，中国政府对外资并购境内企业和中国企业走向境外资本证券市场两方面均表达了强烈的支持力度和法律规制要求。

三、外国企业代表处

外国企业代表处又称外国企业在华常驻代表处。其经营范围最初应在向登记机关提交的文件中写明，由工商行政管理机关确认后（特殊行业需审批），该经营范围将被规定在常驻代表机构登记证上。外国企业的常驻代表机构只能在其登记证规定的范围内从事活动。一般的外国企业常驻代表机构只能在中国境内从事非直接经营活动，代表外国企业进行外国企业的业务范围内的联络、产品推广、市场调研、技术交流等业务活动。但是，如果中国和该外国企业所在国政府签订了双边条约，该双边条约明确规定外国企业常驻代表机构可以在华从事直接经营活动的，则应当按照这些规定办理。虽然有关政府规章不允许办事处从事直接经营活动，但并不意味着办事处不得从事任何经济活动。办事处有权从事维持其运营所必需的经济活动，签订维持办事处运营所必需的经济合同。

外国公司设立代表处已经取消了行政审批，实行直接登记制度。根据《国务院关于第三批取消和调整行政审批项目的决定》（2004 年 5 月 19 日起实施）的规定，外国贸易商、制造商、货运代理商、承包商、咨询公司、广告公司、投资公司、租赁公司和其他经济贸易组织 9 类企业在中国设立常驻代表机构，取消审批，实行直接登记，登记主管部门为当地工商行政管理部门。办理登记时需提交的材料：《外国（地区）企业常驻代表机构设立登记申请书》；审批机关的批准文件；外国公司的合法开业证明和银行资信证明；常驻代表机构（首席）代表的任职文件；驻在地址的使用证明和涉外办公场所证明；董事名册和公司章程；其他有关文件、证件。

四、国际创客投资企业再投资

国际创客投资企业再投资（又称国际创客投资企业境内投资）是指在中国境内依法设立，采取有限责任公司形式的中外合资经营企业、中外合作经营企业、外资企业及国际创客投资股份有限公司，以本企业的名义，在中国境内投资设立企业或购买其他企业投资者股权的行为。其中，被投资公司应为有限责任公司或股份有限公司。若被投资公司属于国际创客投资企业，则按照《外商投资企业投资者股权变更的若干规定》办理。

国际创客投资企业应符合下列条件，方可实施再投资：第一，注册资本已缴清；第二，开始盈利；第三，依法经营，无违法经营记录。

根据 2000 年 9 月 1 日起施行的《中华人民共和国对外贸易经济合作部、国家工商行政管理局〈关于外商投资企业境内投资的暂行规定〉》，国际创客投资企业再投资应比照执行《外商投资产业指导目录》的规定，国际创客投资企业不得在禁止国际创客投资的领域投资。国际创客投资企业在鼓励类或允许类领域投资设立公司，应向被投资公司所在地公司登记机关提出申请；在限制类领域投资设立公司的，应向被投资公司所在地省级外经贸主管部门（或称省级审批机关）提出申请。自被投资公司设立之日起 30 日内，国际创客投资企业应向原审批机关备案。

第二节　国际创客投资企业的设立程序

一、直接投资注册的程序

设立中外合资（合作）经营企业的程序及应当提交的文件：

（一）立项及可行性研究报告阶段

中外双方合营者签署合资（合作）意向书；中方合营者经企业主管部门批准后向商务局提交申请的请示报告；设立合营企业的项目建议书及可行性研究报告；中、外方合营者 1 年内有效的商业登记证明（营业执照）；如果外方是个人投资，则提供个人身份证明文件；中、外方合营者在银行开具的 3 个月内有效的资金信誉证明；注册地址的房屋租赁协议及房产证明。

（二）合同、章程阶段

合营企业合同、章程及董事会组成的送审报告；合同、章程；董事会成员名单及董事的委派书（合营各方法人代表签署）；正、副总经理的推荐书（合营双方法人代表共同签署）；名称登记核准通知书（市工商局签发）。

要求商务局在上述各阶段收到符合要求的文件之日起 5 个工作日内作出批复。

（三）申领“全国组织机构代码”赋码通知单

合营企业收到商务局的合同、章程及董事会组成的批复后到技术监督局申领“全国组织机构代码”赋码通知单。

（四）申领批准证书

合营企业收到商务局的合同、章程及董事会组成的批复和到技术监督局申领“全国组织机构代码”赋码通知单后，由商务局颁发批准证书。

（五）申请营业执照

合营企业在领取批准证书 1 个月内，到工商行政管理局办理登记手续和领取营业执照。

（六）统计登记

国际创客投资企业在领取批准证书之后，办理工商注册登记之前，需到统计部门办理统计登记手续：出示企业的批准证书正本；填写企业统计登记表（一式两份）。

（七）办理用地手续

国际创客投资企业获得土地使用权需到土地管理部门办理用地手续。

（八）外汇管理登记

国际创客投资企业在领取工商营业执照后，在 30 日内持以下材料到外汇管理部门办理外汇管理登记：工商行政管理局核发的营业执照副本；企业成立的批准证书副本（影印件）；企业的合同、章程副本。

（九）银行开户

开立外汇账户。国际创客投资企业可以任选一家获准经营外汇业务的银行开立外汇账户。开户时，应向银行提供工商行政管理局核发的营业执照及企业成立的批准证书。

开立人民币账户。国际创客投资企业可以任选一家获准经营人民币业务的银行开立人民币账户。开户时，应向银行提供工商行政管理局核发的营业执照和企业成立的批准证书。

（十）税务登记

国际创客投资企业应在领取营业执照即日起 30 日内，持有关材料向主管税务机关申报办理税务登记。办理税务登记请提供以下资料：工商行政管理局核发的营业执照副本；合同、章程及其批准文件；企业批准证书。

（十一）海关手续

国际创客投资企业办理海关手续按下列顺序进行。

登记备案需提供以下材料：企业批准证书；企业工商营业执照；企业合同、章程；批准进口设备清单；企业验资报告。

报关注册需提供以下材料：企业批准证书；企业工商营业执照；外经贸委批复。

（十二）财政管理登记

国际创客投资企业办理财政管理登记需提供以下材料：工商行政管理局核发的营业执照副本；企业批准证书；企业的可行性研究报告及批准文件；企业的合同、章程；企业财务制度文件。

二、关于外资并购程序的特殊规定

（一）报商务部审批情形

中华人民共和国商务部明确规定，对特殊目的公司［特殊目的公司是指境内居民法人或境内居民自然人以其合法持有的境内企业资产或权益，或以其合法持有的境外资产或权益，在境外进行股权融资（包括可转换债融资）为目的而直接设立或间接控制的境外企业］并购和涉及重点行业、存在影响或可能影响国家经济安全因素或者导致拥有驰名商标或中华老字号的境内企业实际控制权转移的并购事项，一律报商务部审批，省级商务主管部门无权审批。

（二）报国务院国有资产监督管理委员会或省级国有资产管理部门审批情形

外国投资者并购境内企业涉及企业国有产权转让和上市公司国有股权管理事宜的，应当遵循国有资产管理的相关规定。

（三）报证监会审批情形

被并购企业为境内上市公司和特殊目的公司拟进行境外上市交易的，应经中国证券监督管理委员会审核和批准。

（四）税务变更登记

在完成外资并购后，境内公司或其股东凭商务部和登记管理机关颁发的无加注批准证书和营业执照，到相应的税务机关办理税务变更登记。

三、反垄断审查

商务部、国务院国有资产监督管理委员会等六部委于 2006 年 8 月 8 日发布了修订后的《关于外国投资者并购境内企业的规定》（以下简称《并购规定》），自

2006 年 9 月 8 日起施行。根据该规定，外国投资者并购境内企业需通过反垄断审查，商务部和国家工商行政管理总局（现为国家市场监督管理总局）对外资并购境内企业拥有反垄断审查权。

商务部和国家工商行政管理总局不但对外资并购境内企业拥有反垄断审查权，而且对境外公司在境外的并购交易拥有反垄断审查权。

为了适应新形势的需要，2007 年《中华人民共和国反垄断法》通过，并自 2008 年 8 月 1 日起实施。《中华人民共和国反垄断法》正式实施 22 天后，商务部公布了经国务院批准的新“三定方案”，国家反垄断局也随之成立。至此，我国对外资并购的反垄断审查进入一个崭新的阶段：多部门审查变为商务部一家审查，外资并购审核权集中到商务部，发改委、工商总局不再参与。

2009 年，为保证《关于外国投资者并购境内企业的规定》与《中华人民共和国反垄断法》和《国务院关于经营者集中申报标准的规定》相一致，商务部出台了 2009 年第 6 号令，对《关于外国投资者并购境内企业的规定》进行了一系列修改，其中比较引人注目的是，第五章“反垄断审查”被全部删除，在“附则”中新增一条作为第五十一条，表述为：“依据《反垄断法》的规定，外国投资者并购境内企业达到《国务院关于经营者集中申报标准的规定》规定的申报标准的，应当事先向商务部申报，未申报不得实施交易。”

根据《中华人民共和国反垄断法》《国务院关于经营者集中申报标准的规定》和修订后的《关于外国投资者并购境内企业的规定》等法律法规的规定，反垄断审查遵循以下规定：

（一）经营者申报

经营者集中达到下列标准之一的，经营者应当事先向国务院反垄断执法机构申报，未申报的不得实施集中：参与集中的所有经营者上一会计年度在全球范围内的营业额合计超过 100 亿元人民币，并且其中至少两个经营者上一会计年度在中国境内的营业额均超过 4 亿元人民币；参与集中的所有经营者上一会计年度在中国境内的营业额合计超过 20 亿元人民币，并且其中至少两个经营者上一会计年度在中国境内的营业额均超过 4 亿元人民币。

经营者集中未达到上述申报标准，但按照规定程序收集的事实和证据表明该经营者集中具有或者可能具有排除、限制竞争效果的，国务院反垄断执法机构应当依法进行调查。

经营者集中有下列情形之一的，可以不向国务院反垄断执法机构申报：参与集中的一个经营者拥有其他每个经营者 50% 以上有表决权的股份或者资产的；参与集中的每个经营者50%以上有表决权的股份或者资产被同一个未参与集中的经营者拥有的。

（二）经营者应当提交的审批文件、资料

申报书：应当载明参与集中的经营者的名称、住所、经营范围、预定实施集中的日期和国务院反垄断执法机构规定的其他事项；集中对相关市场竞争状况影响的说明；集中协议；参与集中的经营者经会计师事务所审计的上一会计年度财务会计报告；国务院反垄断执法机构要求提交的其他文件、资料。

（三）审查期限：最长180日

初步审查：收到相关资料30日内。国务院反垄断执法机构作出不实施进一步审查的决定或者逾期未作出决定的，经营者可以实施集中。

有下列情形，可延长审查期限，但最长不得超过60日：经营者同意延长审查期限的；经营者提交的文件、资料不准确，需要进一步核实的；经营者申报后有关情况发生重大变化的。

（四）审查内容

参与集中的经营者在相关市场的市场份额及其对市场的控制力；相关市场的市场集中度；经营者集中对市场进入、技术进步的影响；经营者集中对消费者和其他有关经营者的影响；经营者集中对国民经济发展的影响；国务院反垄断执法机构认为应当考虑的影响市场竞争的其他因素。

（五）审查结果

经营者集中具有或者可能具有排除、限制竞争效果的，国务院反垄断执法机构应当作出禁止经营者集中的决定。但是，经营者能够证明该集中对竞争产生的有利影响明显大于不利影响，或者符合社会公共利益的，国务院反垄断执法机构可以作出对经营者集中不予禁止的决定。

对不予禁止的经营者集中，国务院反垄断执法机构可以决定附加减少集中对竞争产生不利影响的限制性条件。

四、安全审查

2011年2月，国务院办公厅印发了《关于建立外国投资者并购境内企业安全

审查制度的通知》(以下简称《通知》)。该《通知》设定了外资并购涉及国家安全、需进行审查的行业范围，即军工及军工配套企业，重点、敏感军事设施周边企业，以及关系国防安全的其他单位；外国投资者并购境内关系国家安全的重要农产品、重要能源和资源、重要基础设施、重要运输服务、关键技术、重大装备制造等企业。外国投资者并购上述行业和领域的境内企业，且取得实际控制权的，才需要进行安全审查。审查主要从四个方面进行：一是并购交易对国防安全，包括对国防需要的国内产品生产能力、国内服务提供能力和有关设备设施的影响；二是对国家经济稳定运行的影响；三是对社会基本生活秩序的影响；四是对涉及国家安全关键技术研发能力的影响。

外资并购安全审查分为一般性审查和特别审查两类。一般性审查程序简单，时间较短，采取书面征求联席会议成员单位及相关行业主管部门意见的方式，若各部门均认为并购交易不影响国家安全，则安全审查结束。若有部门认为并购交易可能对国家安全造成影响，则启动特别审查程序。联席会议组织安全评估工作，并结合评估意见对并购交易进行审查，意见基本一致的，由联席会议作出决定；存在重大分歧意见的，报请国务院决定。在安全审查过程中，申请人可以向商务部申请修改交易方案或撤销并购交易。

第三节　常用企业设立文件参考样本

一、中外合资经营企业合同

第一章　总则

中国 ______ 公司和 ______ 国（地区）______ 公司，根据《中华人民共和国中外合资经营企业法》和中国的其他有关法律、法规，本着平等互利的原则，经过友好协商，同意在中华人民共和国 ______ 省 ______ 市共同投资举办合资经营企业，特订立本合同。

第二章　合营各方

第一条 本合同的各方：

甲方：中国 ______ 公司，在中国 ______ 省 ______ 市登记注册

法定地址：中国 ______ 省 ______ 市 ______ 区 ______ 街 ______ 号

法定代表人：姓名 ______，职务 ______，国籍 ______

电话：______，传真：______

乙方：______ 国 ______ 公司，在 ______ 国 ______ 地登记注册

法定地址：______

法定代表人：姓名 ______，职务 ______，国籍 ______

电话：______，传真：______

第三章　成立合资公司

第二条　合营各方根据《中华人民共和国中外合资经营企业法》和中国的其他有关法律、法规，同意在中国境内建立中外合资经营企业（以下简称合资公司）。

第三条 合资公司的名称为 ______ 有限公司。外文名称为 ______。法定地址为 ______ 省 ______ 市 ______ 路 ______ 号，合资公司的法定代表人：姓名 ______，职务 ______，国籍 ______。

第四条 合资公司的一切活动必须遵守中华人民共和国的法律、法规和有关条例、规定，并受中国法律的管辖和保护。

第五条 合资公司的组织形式为有限责任公司。合营各方以各自认缴的出资额对合资公司承担责任。各方按其出资额在注册资本中的比例分享利润和分担风险。

第四章　生产经营目的、范围和规模

第六条 合营各方合资经营的目的是本着加强经济合作和技术交流的愿望，采用先进而适用的技术和科学的经营管理方法，提高产品质量，发展新产品，并在质量、价格等方面在国际市场上具有竞争能力，提高经济效益，使投资各方获得满意的经济利益。（注：在具体合同中要根据具体情况写）

第七条 合资公司生产经营范围：生产 ______ 产品；对销售后的产品进行维修服务；研究和发展产品。（注：要根据具体情况写）

第八条 合资公司的生产规模如下：

（一）合资公司投产后的生产能力为 ______；

（二）随着生产经营的发展，生产规模可增加______。产品品种将发展______。（注：要根据具体情况写）

第五章　投资总额与注册成本

第九条 合资公司的投资总额为人民币 ______（或双方商定的一种外币）。

第十条 合资各方的出资额共为人民币（或双方商定的一种外币）______ 元，作为合营公司的注册成本。其中，甲方：______ 元，占 ______%；乙方

_______ 元，占 _______%。

第十一条 甲乙双方将以下列作为投资：

甲方：现金 _______ 元

机械设备 _______，作价 _______ 元

土地使用权及厂房 _______，作价 _______ 元

工业产权或专有技术 _______，作价 _______ 元

其他 _______ 元，共 _______ 元。

乙方：现金 _______ 元

机械设备 _______，作价 _______ 元

土地使用权及厂房 _______，作价 _______ 元

工业产权或专有技术 _______，作价 _______ 元

其他 _______ 元，共 _______ 元。

第十二条 合资公司注册资本由合营各方按出资比例分 _______ 期缴付，每期缴 付的数额如下。（注：根据具体情况写）

第十三条 合营任何一方如向第三者转让其全部或部分出资额，须经合营他方同意，并报审批机关批准；合营一方转让其全部或部分出资额时，合营他方在同等条件下有优先购买权。

第六章　合营各方的责任

第十四条 合营各方应各自负责完成以下各项事宜。

甲方责任：

（一）办理为成立合资公司向中国有关主管部门申请批准、登记注册、领取营业执照等事宜；

（二）向土地主管部门办理申请取得土地使用权的手续；

（三）组织合资公司厂房和其他工程设施的设计、施工；

（四）按第十一条和第十二条的规定提供现金、机械设备、厂房等；

（五）协助办理乙方作为出资而提供的机械设备的进口报关手续和在中国境内的运输；

（六）协助合资公司在中国境内购置或租赁设备材料、原料、办公用具、交通工具、通信设施等；

（七）协助合资公司联系落实水、电、交通等基础设施；

（八）协助合资公司招聘当地的中国籍的经营管理人员、技术人员、工人和所需的其他人员；

（九）协助外籍工作人员办理所需的入境签证、工作许可证和旅行手续等；

（十）负责办理合资公司委托的其他事宜。

乙方责任：

（一）按第十一条和第十二条的规定提供现金、机械设备、工业产权……并负责将作为出资的机械设备等实物运至中国港口；

（二）办理合资公司委托在中国境外选购机械设备、材料等有关事宜；

（三）提供需要的设备安装、调试及生产所需的技术人员；

（四）培训合资公司的技术人员和工人；

（五）如乙方同时是技术转让方，则应负责监督合资公司在规定的期限内能按设计稳定地生产合格产品；

（六）协助合营企业工作人员及其他相关人员办理进入外国合营者所在国家或地区的签证；

（七）负责办理合资公司委托的其他事宜。（注：要根据具体情况写）

第七章　技术转让

第十五条 甲乙双方同意，由合资公司与 ________ 方（或第三者）签订技术转让协议，以取得为达到本合同第四章规定的生产经营目的、规模所需的先进生产技术，包括产品设计、制造技术、工艺流程、测试和检验、材料配方、质量标准、培训人员等。（注：要在合同中具体写明）

第十六条 乙方对技术转让提供如下保证：在乙方负责向合资公司转让技术的合营合同中才有此条款。

（一）乙方为合资公司提供的 ________（注：要写明产品名称）的设计、制造技术、工艺流程、测试和检验等全部技术是完整的、准确的、可靠的，是符合合资公司经营目的要求的，保证能达到本合同要求的产品质量和生产能力；

（二）乙方保证本合同和技术转让协议规定的技术全部转让给合资公司，保证提供的技术是乙方同类技术中最先进的技术，设备的选型及性能质量是优良的，并符合工艺操作和实际使用的要求；

（三）乙方对技术转让协议中规定的各阶段提供的技术和技术服务应开列详细清单作为该协议的附件，并保证实施；

（四）图纸、技术条件和其他详细资料是所转让的技术的组成部分，保证如期提交；

（五）在技术转让协议有效期内，乙方对该项技术的改进，以及改进的情报和技术资料，应及时提供给合资公司，不另收费用；

（六）乙方保证在技术转让协议有效期内使合资公司技术人员和工人掌握所转让的技术。

第十七条 如乙方未按合同及技术转让协议的规定提供设备和技术，或发现有欺骗或隐瞒行为，乙方应负责赔偿合资公司的直接损失。

第十八条 技术转让费采取提成方式支付。提成率为产品出厂净售额的_______%。提成支付期限按照本合同第十九条规定的转让期限为期限。

第十九条 合资公司与乙方签订的技术转让协议期限为_______年。技术转让协议期满后，合资公司有权继续使用和研究发展该引进技术。

（注：技术转让协议期限一般不超过十年，协议须经对外经济贸易部或其委托的审批机构批准）

第八章 产品的销售

第二十条 合营公司的产品，在中国境内外市场上销售，外销部分占_______%，内销部分占_______%。（注：可根据实际情况写明各个年度内外销的比例和数额。一般情况下，外销量至少应能满足合资公司外汇支出的需要。）

第二十一条 产品可由下述渠道向国外销售：由合营公司直接向中国境外销售的占_______%；由合营公司与中国外贸公司订立的销售合同，委托其代销，或由中国外贸公司包销的占_______%；由合营公司委托乙方销售占_______%，乙方应及时将货款汇回合营公司。

第二十二条 合营公司内销产品可由甲方包销或代销，或由合营公司直接销售。

第二十三条 为了在中国境内外销售产品和进行销售后的产品维修服务，经中国有关部门批准，合营公司可在中国境内外设立销售维修服务的分支机构。

第二十四条 合营公司产品的使用商标为_______。

第九章 董事会

第二十五条 合营公司注册登记之日为合营公司董事会成立之日。

第二十六条 董事会由_______名董事组成，其中甲方委派_______名，乙方委派_______名。董事会设董事长1人、副董事长1人。董事长由_______方委派，副董事长由_______方委派。董事长、副董事长和董事任期_______年，经委派方继续委派可以连任。

第二十七条 董事会是合营公司的最高权力机构，决定合营公司的一切重大事宜。对于重大问题，应经董事会一致通过（注：董事会职权按《中华人民共和国中外合资经营企业法实施条例》第三十三条列举主要内容），方可做出决定。对其他事宜，可采取多数通过或简单多数通过决定。（注：在具体合同中要明确规定。）

第二十八条 董事长是合营公司法定代表。董事长因故不能履行其职责时，可临时授权副董事长或其他董事。董事长如放弃履行职责，须三分之一以上的董事提议，副董事长可召集并主持会议。

第二十九条 董事会会议每年至少召开一次，由董事长召集并主持会议。经三分之一以上的董事提议，董事长可召开董事会临时会议。会议记录应归档保存。董事会会议一般应在合营公司法定地址所在地举行。

第十章 经营管理机构

第三十条 合营公司设管理机构，负责公司的日常经营管理工作。经营管理机构设总经理一人，副总经理 _______ 人，总经理、副总经理由董事会聘请，任期 _______ 年。

第三十一条 总经理的职责是执行董事会会议的各项决议，组织领导合营公司的日常经营管理工作。副总经理协助总经理工作。经营管理机构可设若干部门经理，分别负责企业各部门的工作，办理总经理和副总经理交办的事项，并对总经理和副总经理负责。

第三十二条 总经理、副总经理营私舞弊或严重失职的，经董事会决议可随时撤换。

第十一章 设备购买

第三十三条 合营公司所需的机器设备、原材料、燃料、配套件、运输工具和办公用品等，在同等条件下，应尽量先在中国购买。

第三十四条 合营公司委托乙方在国外市场选购设备时，应邀请甲方派人参加。在取得董事会的书面认可后，方可进行。

第十二章 筹备和建设

第三十五条 合营公司在筹备、建设期间，在董事会下设立筹建处。筹建处由 _______ 人组成，其中甲方 _______ 人，乙方 _______ 人。筹建处主任 1 人，由 _______ 方推荐；副主任 1 人，由 _______ 方推荐。筹建处主任、副主任由董事会任命。

第三十六条 筹建处具体负责审查工程设计，签订工程施工承包合同，组织生产设备、材料等物资的采购和验收，制定工程施工总进度，编制用款计划，掌握工程财务支付和工程决算，制定有关的管理办法，做好工程施工过程中文件、图纸、档案、资料的保管和整理等工作。

第三十七条 甲乙双方指派若干技术人员组成技术小组，在筹建处的领导下，负责对设计、工程质量、设备材料和引进技术的审查、监督、检验、检收和性能考核等工作。

第三十八条 筹建处工作人员的编制、报酬及费用，经甲乙双方同意后，列入工程预算。

第三十九条 筹建处在工程建设完成并将移交手续办理完毕后，经董事会批准撤销。

第十三章 劳动管理

第四十条 合营公司职工的招收、招聘、辞退、工资、劳动保险、生活福利和奖惩等事项，按照《中华人民共和国劳动法》《中华人民共和国中外合资经营企业法》及《中华人民共和国中外合资经营企业法实施条例》，经董事会研究制定方案，由合营公司和合营公司的工会组织对与员工集体或个人之间订立劳动合同加以规定。劳动合同订立后，报当地劳动管理部门备案。

第四十一条 合营公司的高级管理人员的聘请和工资待遇、社会保险、福利、差旅费标准等，由董事会会议讨论决定。

第十四章 税务、财务、审计

第四十二条 合营公司按照中国的有关法律和条例规定缴纳各项税金。

第四十三条 合营公司职工按照《中华人民共和国个人所得税法》缴纳个人所得税。

第四十四条 合营公司按照《中华人民共和国中外合资经营企业法》的规定提取储备基金、企业发展基金及职工福利奖励基金，每年提取的比例由董事会根据公司经营情况讨论决定。

第四十五条 合营公司的会计年度从每年 1 月 1 日起至 12 月 31 日止，一切记账凭证、单据、报表、账簿均用中文书写。（注：可同时用甲乙双方同意的一种外文书写。）

第四十六条 合营公司的财务审计聘请在中国注册的会计师审查、稽核，并将结果报告董事会和总经理。如乙方认为需要聘请其他国家的审计师对年度财务进行审查，甲方应予以同意。其所需要的一切费用由乙方负担。

第四十七条 每营业年度的头三个月，由总经理组织编制上一年度的资产负债表、损益计算书和利润分配方案，提交董事会会议审查通过。

第十五章　合营期限

第四十八条 合营公司的期限为 _______ 年。合营公司的成立日期为合营公司营业执照签发之日。

经一方提议，董事会会议一致通过，可以在合营期满 6 个月前向有关的审批机构（或其委托的审批机构）申请延长合营期限。

第十六章 合营期满财产处理

第四十九条 合营期满或提前终止合营，合营公司应依法进行清算。清算后的财产，根据甲乙双方投资比例进行分配。

第十七章 保险

第五十条 合营公司的各项保险均在 _______ 保险公司投保，投保险别、保险价值、保期等按照该保险公司的规定由合营公司董事会会议讨论决定。

第十八章 合同的修改、变更与解除

第五十一条 对本合同及其附件的修改必须经甲乙双方签署书面协议，并报原审批机构批准，方可生效。

第五十二条 由于不可抗力，致使合同无法履行，或由于合营公司连年亏损，无力继续经营，经董事会一致通过，并报原审批机构批准，可以提前终止合营期限和解除合同。如董事会无法就解除合同达成一致，则任何一方可申请仲裁。

第五十三条 由于一方不履行合同、章程所规定的义务，或严重违反合同章程规定，造成合营公司无法经营或无法达到合同规定的经营目的，视作违约方单方面终止合同，另一方除有权向违约方索赔外，还有权按合同规定申请仲裁裁决终止合同。如甲乙双方同意继续经营，违约方应赔偿合营公司的经济损失。

第十九章 违约责任

第五十四条 甲、乙任何一方未按本合同第五章的规定依期按数完成出资的，从逾期第一个月算起，每逾期一个月，违约方应支付应缴出资额的 _______% 的违约金给守约的一方。如逾期 3 个月仍未提交，除累计收取违约方应缴出资额的 _______% 的违约金之外，守约方有权按本合同第五十五条规定终止合同，并要求违约方赔偿损失。

第五十五条 由于一方违约，造成本合同及其附件不能履行或不能完成的，违约方应缴出资额的 _______% 的违约金，守约方有权按条规定终止合同，并由违约方承担违约责任；如属双方违约，根据实际情况，由双方分别承担各自应付的违约责任。

第五十六条 为保证本合同及其附件的履行，甲、乙各方应相互提供履行的 _______ 担保。

第二十章　不可抗力

第五十七条 由于地震、台风、水灾、火灾、战争及其他不能预见并且对其发生和后果不能防止或避免的不可抗力事件出现，致使直接影响合同的履行或者不能按约定的条件履行时，遇有上述不可抗力的一方应立即通知另一方，并应在15天内提供不可抗力详情及合同不能履行，或者部分不能履行，或者需要延期履行的理由及有效证明文件。此项证明文件应由事故发生地有权证明的机构出具。按其对履行合同影响的程度，由双方协商决定是否解除合同，或者部分履行合同，或者延期履行合同。

第二十一章　适用法律

第五十八条 本合同的订立、效力、解释、履行和争议的解决均受中华人民共和国法律的管辖。

第二十二章　争议的解决

第五十九条 凡因本合同引起的或与本合同有关的任何争议均应提交中国国际经济贸易仲裁委员会，按照申请仲裁时该委员会实施的仲裁规则进行仲裁。仲裁裁决是终局的，对双方均有约束力。

第六十条　在仲裁过程中，除双方正在进行仲裁的部分外，本合同应继续履行。

第二十三章　文字

第六十一条 本合同用中文和 _______ 文写成，两种文字具有同等效力。上述两种文本如有不符，以中文文本为准。

第二十四章　合同生效及其他

第六十二条 按照本合同规定的各项原则订立如下附属协议文件，包括工程协议、技术转让协议、销售协议等均为本合同的组成部分。

第六十三条 本合同及其附件均须经有关主管部门（或其委托的审批机构）批

准，自批准之日起生效。

第六十四条　甲乙双方发送通知的方法，如用传真、电子邮箱通知时，凡涉及各方权利、义务的，应随之以书面信件通知。合同中所列甲乙双方的法定地址即为甲乙双方收件地址。

第六十五条 本合同于 ______ 年 ______ 月 ______ 日由甲乙双方的授权代表在中国 ______ 签署。

中国 ______ 公司代表　　　　______ 国 ______ 公司代表

二、中外合作经营企业合同

第一章　总则

中国 ______ 公司和 ______ 国（或地区）______ 公司，根据中华人民共和国有关法律、法规的规定，本着平等互利的原则，通过友好协商，同意在中华人民共和国 ______ 省 ______ 市共同举办合作经营企业，特订立本合同。

第二章　合作各方

第一条 本合同的各方：

中国 ______ 公司（以下简称甲方），在中国 ______ 省 ______ 市登记注册，其法定地址在 ______ 省 ______ 市 ______ 区 ______ 路 ______ 号。法定代表：姓名 ______ 职务 ______ 国籍 ______。

______ 国（或地区）______ 公司（以下简称乙方）在 ______ 国（或地区）登记注册，其法定地址在 ______。

法定代表：姓名 ______ 职务 ______ 国籍 ______。（注：若有两个以上的合作者，依次称丙、丁……方）

第三章　成立合作经营公司

第二条 甲乙双方根据中华人民共和国有关法律、法规的规定，同意 ______ 省 ______ 市建立合作经营的 ______ 有限公司（以下简称合作公司）。外文名称为 ______。

第三条 合作公司为有限责任公司。

合作公司的法定地址为 ______ 省 ______ 市 ______ 区 ______ 路 ______ 号。

第四条 合作公司的一切活动必须遵守中华人民共和国有关法律、法规和条例。

第五条 合作公司由甲方提供土地使用权、资源开发权、建筑物等合作条件；

乙方提供资金、设备、技术等合作条件。各方不折算投资比例，按各自向公司提供的合作条件，确定利润分享办法，并各自承担风险。合作公司实行统一管理，独立经营，统一核算。合作期限届满，公司的财产不作价归甲方所有。（注：应根据双方的约定具体写明。）

第四章　生产经营目的、范围和规模

第六条 甲乙双方合作经营的目的是本着加强经济合作和技术交流的愿望，采用先进而适用的技术和科学的经营管理方法，提高产品质量，发展新产品，并在质量、价格等方面具有国际市场的竞争能力，提高经济效益，使合作各方获得满意的经济利益。（注：在具体合同中要根据具体情况写。）

第七条 合作公司生产经营范围：生产和销售 _______ 产品；对销售后的产品进行维修服务；研究和发展新产品。（注：要根据具体情况写）

第八条 生产经营规模如下：

（一）合作公司投产后的生产能力为：_______ 。

（二）随着生产经营的发展，生产规模可增加到年产 _______ 。产品品种将发展 _______ 。（注：要根据具体情况写。）

第五章　投资总额和注册资本

第九条 合作公司投资总额为人民币 _______ 元（或双方商定的一种货币）。

第十条 合作公司的注册资本为人民币 _______ 元。（注：甲方所提供的土地使用权或资源开发权和建筑物不计入注册资本。）

第十一条 甲乙双方分别提供如下合作条件：

甲方：提供总面积为 _______ 平方米的土地使用权，负责征用土地费和缴纳土地使用费。（注：降低开发费的负担方法，根据双方约定写。）其中，厂房（上盖）面积 _______ 平方米；_______（上盖）面积 _______ 平方米；_______（上盖）面积 _______ 平方米。

乙方：投资总额为 _______ 元，其中现金 _______ 元，机器设备和交通运运输工具 _______ 元，工业产权 _______ 元，其他 _______ 元。

第十二条 甲方提供的土地使用权，应在合同批准之日起 _______ 天内办完征拨手续，交付合作公司使用；厂房和 _______（上盖）应在合同批准之日起 _______ 天内交付合作公司装修；_______（上盖）的交付时间由合作公司董事会另行决定。

乙方提供的现金投资分两期汇入合作公司在银行开立的账户。第一期应汇入

______ 元，须在合同批准之日起 ______ 天内汇出，作为首期生产、生活设施的建筑费和流动资金等；第二期必须汇足投资总额减去第一期汇出后的差额，汇出的时间为 ______，用途由公司董事会确定。（注：应根据具体情况写）

第十三条 乙方作为投资的机器设备，必须符合合作公司的生产需要，并在厂房装修完工前 ______ 天内运至中国港口。（注：乙方以工业产权作为投资时，甲乙双方必须另订立合同，作为本合同的组成部分。）

第六章 合作各方应负责完成的事项

第十四条 甲方应负责完成的事项：

（一）办理为设立合作公司向中国有关主管部门申请批准、登记注册、领取营业执照等事宜；

（二）依照本合同第十一条规定，办理合作公司取得土地使用权的手续；

（三）协助办理乙方作为出资而提供的机械设备物资的进口报关手续和在中国境内的运输；

（四）协助合作公司在中国境内购置或租赁设备、材料、原料、办公用品、交通工具、通讯设备等；

（五）协助合作公司落实水、电、交通等基础设施；

（六）协助合作公司对厂房和其他工程设施的设计和施工；

（七）协助合作公司在当地招聘中国的经营管理人员、技术人员、工人和其他人员；

（八）协助合作公司为外籍工作人员办理所需的入境签证手续等；

（九）办理合作公司委托的其他事宜。

第十五条 乙方应负责完成的事项：

（一）依照本合同第十一条、第十三条的规定，提供现金、机器设备、工业产权等并负责将其作为出资的机械设备等实物运至中国港口；

（二）办理合作公司委托其在中国境外选购的机械设备、材料等有关事宜；

（三）提供需要的设备安装、调试及试产的技术人员，生产和检验技术人员；

（四）培训公司的技术人员和工人；

（五）如乙方同时是技术转让方，则应负责合作公司在规定的期限内按设计能力稳定地生产合格产品；

（六）负责办理合作公司委托的其他事宜。（注：要根据具体情况写。）

第七章 合作经营期限

第十六条 合作公司的经营期限为 ______ 年，公司营业执照签发之日为合作公司的成立日期。合作公司在经营过程中，如有一方提出，经双方协商同意，可以延长合作期限。但必须在合作期满6个月前向中华人民共和国商务部（或其委托的审批机构）提出申请。

第八章　利润分配和偿还乙方投资

第十七条 合作公司缴纳所得税后的利润，按下列顺序使用和分配：

（一）提取 ______ % 作为合作公司的储备基金、职工奖励及福利基金、发展基金；

（二）以 ______ % 偿还乙方的投资，预计 ______ 年还清乙方的全部投资；（注：根据双方的约定具体写。）

（三）其余部分按甲方 ______ %、乙方 ______ % 分配。

第九章　产品的销售

第十八条 合作公司产品的销售：

（一）向境外销售 ______ %；

（二）内销 ______ %。（注：销售办法可灵活多样，可由公司或乙方负责向境外销售，也可由公司与外贸公司订立销售合同，委托代销；对内销部分也可由公司或甲方经销。）

第十章　董事会

第十九条 合作公司设董事会。公司注册登记之日为董事会正式成立之日。

第二十条 董事会是合作公司的最高权力机构，决定合作公司章程的制订和修改；决定公司转让、合并、停业和解散；决定公司的经营决策、财务预算和决算；决定公司职工工资和制定职工奖惩办法等一切重大事宜。

第二十一条 董事会由董事 ______ 名组成，其中甲方委派 ______ 名，乙方委派 ______ 名。董事长由 ______ 方委派，副董事长 ______ 名，由 ______ 方委派。董事长、副董事长和董事任期四年，经各方继续委派可以连任。

第二十二条 董事会会议每年至少召开一次，由董事长召集并主持。董事长因故不能召集董事会议时，可委托副董事长或其他董事召集并主持。经三分之一以上的董事提议，董事长可召开董事会临时会议。会议记录应归档保存。

第二十三条 召开董事会须有三分之二以上的董事出席方有效。董事不能出席时，可以出具委托书委托他人代为出席和举行表决。

第二十四条 董事长是合作公司的法定代表。董事长因故不能履行其职责时，可临时授权副董事长或其他董事代理。

第十一章 经营管理机构

第二十五条 合作公司设总经理1人，副总经理 ______ 人，负责公司的日常经营管理。总经理由 ______ 方推荐；副总经理由 ______ 方推荐 ______ 人，另一方推荐 ______ 人，均由董事会聘请，任期 ______ 年。

第二十六条 总经理的职责是执行董事会会议的决议，组织领导合作公司的日常经营管理工作。副总经理协助总经理工作。

第二十七条 总经理必须每年度向董事会报告公司的经营情况，半年向董事会做一次财务结算报告。

第二十八条 总经理、副总经理及其他管理人员有营私舞弊或严重失职行为时，经董事会会议决议，给予应得的处分直至解聘。对公司造成的经济损失，相关管理人员应负赔偿责任。

第十二章 劳动管理

第二十九条 合作公司员工的招聘、解雇或辞职一律实行合同制。员工的聘请由公司做出计划，报当地劳动部门核准后，由公司自行招聘，经考核择优录用。

第三十条 合作公司员工的劳动工资、劳动保险 、生活福利和奖惩等事项，依照《中华人民共和国中外合作经营企业法》的有关规定，经董事会制订施行方案，由公司、公司工会与员工集体或个人订立劳动合同，按合同的规定执行。

第十三章 财务会计和审计

第三十一条 合作公司设总会计师和总出纳员各一人，负责公司总的会计工作；厂部、______ 和 ______ 部分别建立账目，每个部门分别设会计师和出纳员各一个，负责各个部门的财务会计工作。前款所列会计和出纳员的人选均由甲乙双方协商推荐，董事会聘请。

第三十二条 合作公司的财务会计制度应根据有关规定，结合本合作公司的实际情况制定，并报当地财政部门和税务部门备案。

第三十三条 合作公司设审计师一人，由甲方推荐，董事会聘请。审计师负责审查、稽核公司的财务收支和会计账目，并向董事会报告。

第十四章 纳税与保险

第三十四条 合作公司应按中华人民共和国有关税法缴纳各种税款。

第三十五条 合作公司的各项保险均应向中国的保险公司投保。投保办法、投保险别、保险价值、保期等均按中国人民保险公司的规定由合作公司董事会决定。

第十五章　合同的修改、补充、变更与解除

第三十六条 本合同及其附件的修改或补充必须经甲乙双方协商一致、签署书面协议，并报经商务部门（或其委托的审批机构）批准方能生效。

第三十七条 在合同有效期内由于本合同第四十二条规定的不可抗力造成公司严重损失，或因公司连续亏损致使合同不能继续履行，经合作公司董事会特别决议，并报原审批机关批准，可以提前终止或解除合同。

第十六章　违约责任

第三十八条 由于一方不履行合同、章程规定的义务，或严重违反合同、章程规定，造成合作公司无法经营或无法达到合同规定的经营目的，视作违约方片面终止合同，对方除有权向违约方索赔外，还有权按合同规定报原审批机关批准终止合同。如甲、乙双方同意继续经营，违约方仍应赔偿守约方的经济损失。

第三十九条 甲乙任何一方如未按本合同第十一条、第十二条及第十三条的规定提供合作条件时，以逾期的第一个月算起，每逾期一个月，违约方应缴付 ______ 元违约金给守约的一方。（注：或按出资额的百分比计算。）如逾期 ______ 个月仍未提供，除累计缴付违约金外，守约方有权按照本合同第三十八条规定终止合同，并要求违约方赔偿损失。

第四十条 由于一方的过失，造成本合同及其附件不能履行或不能完全履行时，由过失的一方承担违约责任；如属双方的过失，根据实际情况，由双方分别承担各自应负的违约责任。

第四十一条 为保证本合同及其附件的履行，甲乙双方在合同生效后 ______ 天内相互提供履约的银行担保书。

第十七章　不可抗力

第四十二条 在合作期间，由于地震、台风、水灾、战争或其他不能预见并且对其发生和后果不能防止和避免的不可抗力事故，致使直接影响合同的履行或者不能按约定的条件履行时，遇有上述不可抗力事故的一方应立即将事故情况通知另一方，并应在 15 天内提供事故的详细情况及合同不能履行，或者需要延期履行的理由的有效证明文件。此项证明文件应由事故发生地区有权证明的机构出具。按照事故对履行合同影响的程度，由双方协商决定是否解除合同，或者部分免除履行合同的责任，或者延期履行合同。

第十八章　争议的解决

第四十三条 凡因本合同引起的或与本合同有关的任何争议均应提交中国国际经济贸易仲裁委员会，按照申请仲裁时该委员会实施的仲裁规则进行仲裁。仲裁裁决是终局的，对双方均有约束力。

第四十四条 本合同的订立、效力、解释、履行和争议的解决均受中华人民共和国法律的保护和管辖。

第十九章　文字

第四十五条 本合同用中文和 _______ 文写成，两种文字具有同等效力。上述两种文本如解释有矛盾，以中文文本为准。

第二十章　合同生效及其他

第四十六条 按照本合同规定的各项原则所订立的合作公司章程、工程协议、技术转让协议、销售协议等均为本合同的附属文件。

第四十七条 本合同及其附属文件均须中华人民共和国商务部（或其委托的审批机关）批准，自批准之日起生效。

第四十八条 合作公司对甲乙双方或甲乙双方互送通知的方法，如果采用电传时，凡涉及各方权利、义务的，应随之发出书面信件通知。合同中所列的甲乙双方的法定地址，即甲乙双方的收件地址。

第四十九条 本合同正本一式 _______ 份，甲乙双方各 _______ 份，合作公司一份，报中国商务部 _______ 份，具有同等效力；影印本 _______ 份，分报有关机关。

第五十条 本合同于 _______ 年 _______ 月 _______ 日由甲乙双方的授权代表在中国 _______ 省 _______ 市签字。

甲方：_______ 公司　　　　乙方：_______ 公司

（加盖公章）　　　　（加盖公章）

法定代表：_______（签字）　　　　法定代表：_______（签字）

三、中外合资经营企业章程

第一章　总 则

第一条 根据《中华人民共和国中外合资经营企业法》，中国 _______ 公司（以下简称甲方）与 _______ 国 _______ 公司（以下简称乙方）于 _______ 年 _______ 月 _______ 日在中国 _______ 签订的建立合资经营 _______ 有限公司合同（以下简称合营公司），制订本公司章程。

第二条 合营公司名称：_______ 有限公司。外文名称：_______ 合营公司。公司的法定地址：_______ 省 _______ 市 _______ 路 _______ 号。

第三条 甲乙双方的名称、法定地址：

甲方：中国 _______ 公司 _______ 省 _______ 市 _______ 号。

乙方：_______ 国 _______ 公司 _______。

第四条 合营公司为有限责任公司。

第五条 合营公司为中国法人，受中国法律管辖和保护。其一切活动必须遵守中国的法律、法规和有关条例规定。

第二章 宗旨、经营范围

第六条 合营公司宗旨：使用 _______ 先进技术，生产和销售 _______ 产品，达到 _______ 水平，获取甲乙双方满意的经济利益。（注：每个合营企业都可以根据自己的特点写。）

第七条 合营公司经营范围：设计、制造和销售产品，以及对销售后的产品进行维修服务。

第八条 合营公司生产规模：_______ 年 _______（表示量的单位）。

第九条 合营公司向国内外市场销售其产品，销售比例为：_______ 年，出口占 _______%，在国内销售占 _______%，_______ 年，出口占 _______%，在国内销售占 _______%。（注：销售渠道、方法、责任可根据各自情况而定。）

第三章 投资总额和注册成本

第十条 合营公司的投资总额为人民币 _______ 元。合营公司注册资本为人民币 _______ 元。

第十一条 甲乙双方出资如下：

甲方：认缴出资额为人民币 _______ 元，占注册资本 _______%。其中，现金 _______ 元，机械设备作价 _______ 元，厂房作价 _______ 元，土地使用权作价 _______ 元，其他 _______ 元。

乙方：认缴出资额为人民币 _______ 元，占注册资本 _______%。其中，现金 _______ 元，机械设备作价 _______ 元，工业产权作价 _______ 元，其他 _______ 元。

第十二条 甲乙双方应按合同规定的期限缴清各自的出资额。

第十三条 甲乙双方缴付出资额后，经合营公司聘请在中国注册的会计师验资，出具验资报告后，由合营公司发给出资证明书。出资证明书的主要内容是合营公司名称、成立日期、合营者名称及出资额、出资日期、发给出资证明书日期等。

第十四条 合营期间，合营公司不得减少注册资本数额。如确需减少，应依法办理报批和公告手续。

第十五条 任何一方转让其出资额，不论全部或部分，都须经另一方同意。一方转让时，另一方有优先购买权。

第十六条 合营公司注册资本的增加、转让，应由董事会一致通过后，并报原审批机构批准，向原登记机构办理变更登记手续。

第四章　董事会

第十七条 合营公司设董事会。董事会是合营公司的最高权力机构。

第十八条 董事会决定合营公司的一切重大事宜，其职权主要如下：决定和批准总经理提出的重要报告（如生产规划、年度营业报告、资金、借款等）；批准年度财务报表、收支预算、年度利润分配方案；通过公司的重要规章制度；决定设立分支机构；修改公司规章；讨论决定合营公司停产、终止或与另一个经济组织合并；决定聘用总经理、总工程师、总会计师、审计师等高级职员；负责合营公司终止和期满时的清算工作。

第十九条 董事会由 ______ 名董事组成，其中甲方委派 ______ 名，乙方委派 ______ 名。董事任期为四年，可以连任。

第二十条 董事会董事长由 ______ 方委派，副董事长 1 名，由 ______ 方委派。

第二十一条 甲乙双方在委派和更换董事人选时应书面通知董事会。

第二十二条 董事会例会每年召开 ______ 次。经三分之一以上的董事提议，可以召开董事会临时会议。

第二十三条 董事会会议原则上在公司所在地举行。

第二十四条 董事会会议应由董事长召集并主持，董事长缺席时由副董事长召集并主持。

第二十五条 董事长应在董事会开会前 30 天书面通知各董事，写明会议内容、时间和地点。

第二十六条 董事因故不能出席董事会会议，可以书面委托代理人出席董事会。如届时未出席也未委托他人出席，则视为弃权。

第二十七条 出席董事会会议的法定人数为全体董事的三分之二，不够三分之二人数时，其通过的决议无效。

第二十八条 董事会每次会议必须有详细的书面记录，并由全体出席董事签字，代理人出席时，由代理人签字。记录文字使用中文和 ________ 文。该记录由公司存档。

第二十九条 下列事项须董事会一致通过：

（一）合营企业章程的修改；

（二）合营企业的中止、解散；

（三）合营企业注册资本的增加、减少；

（四）合营企业的合并、分立。（注：每个合营企业可根据各自情况而定。）

第三十条 下列事项须董事会三分之二以上董事或半数董事通过：

（一）合营企业的劳动合同和重要的规章制度；

（二）总经理提出的年度经营报告；

（三）高级管理人员的聘任及其工资和福利待遇；

（四）调整合营企业的组织机构的决定。

第五章 经营管理机构

第三十一条 合营公司设经营管理机构，下设生产、技术、销售、财务、行政等部门。（注：根据具体情况写。）

第三十二条 合营公司设总经理1人，副总经理 ________ 人，正、副总经理由董事会聘请。首届总经理由 ________ 方推荐，副总经理由 ________ 方推荐。

第三十三条 总经理直接对董事会负责，执行董事会的各项决定，组织领导合营公司的日常生产、技术和经营管理工作。副总经理协助总经理工作，当总经理不在时，代理行使总经理的职责。

第三十四条 合营公司日常工作中重要问题的决定应由总经理和副总经理联合签署方能生效。需要联合签署的事项，由董事会具体规定。

第三十五条 总经理、副总经理的任期为 ________ 年。经董事会聘请，可以连任。

第三十六条 董事长或副董事长、董事经董事会聘请，可兼任合营公司总经理、副总经理及其他高级职位。

第三十七条 总经理、副总经理不得兼任其他经济组织的总经理或副总经理，不得参与其他经济组织对本合营公司的商业竞争行为。

第三十八条 合营公司设总工程师、总会计师、审计师，由总经理领导。总会计师负责合营公司的财务会计工作，组织合营公司开展全面经济核算，实施经济责任制。审计师负责合营公司的财务审计工作，审查稽核合营公司的财务收支和会计账目，向总经理和董事会提出报告。

第三十九条 总经理、副总经理、总工程师、审计师和其他高级职员请求辞职时，应提前向董事会提出书面报告。以上人员如有营私舞弊或严重失职行为的，经董事会决议，可随时解聘。触犯《中华人民共和国刑法》的，要依法追究其刑事责任。

第六章 财务会计

第四十条 合营公司的财务会计按照中华人民共和国财政部制定的相关财务会计制度规定办理。

第四十一条 合营公司会计年度采用日历年制，自1月1日起至12月31日止为一个会计年度。

第四十二条 合营公司的一切凭证、账簿、报表，用中文书写。

第四十三条 合营公司采用人民币为记账本位币。人民币同其他外币折算，按实际发生之日中华人民共和国国家外汇管理局公布的汇价计算。

第四十四条 合营公司在中国银行或中国银行同意的其他银行开立人民币及外币账户。

第四十五条 合营公司财务会计账册上应记载如下内容：

（一）合营公司所有的现金收入、支出数量；

（二）合营公司所有的物资出售及购入情况；

（三）合营公司注册资本及负债情况；

（四）合营公司注册资本的缴纳时间、增加及转让情况。

第四十六条 合营公司财务部门应在每一个会计年度第一个月编制上一个会计年度的资产负债表和损益计算书，经审计师审核签字后，提交董事会会议通过。

第四十七条 合营各方有权自费聘请审计师查阅合营公司账簿。查阅时，合营公司应提供方便。

第四十八条 合营公司按照《中华人民共和国企业所得税法》及其实施条例的规定，由董事会决定其固定资产的折旧年限。

第四十九条 合营公司的一切外汇事宜按照《中华人民共和国外汇管理条例》和有关规定及合营公司的规定办理。

第七章 利润分配

第五十条 合营公司从缴纳所得税后的利润中提取储备基金、企业发展基金和职工奖励及福利基金。提取的比例由董事会确定。

第五十一条 合营公司依法缴纳所得税和提取各项基金后的利润，按照甲乙双方在注册资本中的出资比例进行分配。

第五十二条 合营公司每年分配利润一次。每个会计年度后 3 个月内公布利润分配方案及各方应分的利润额。

第五十三条 合营公司上一个会计年度亏损未弥补前不得分配利润。上一个会计年度未分配的利润，可并入本会计年度利润分配。

第八章　职工

第五十四条 合营公司职工的招收、招聘、辞退、工资、福利、劳动保险、劳动纪律等事宜按照《中华人民共和国劳动法》及其实施办法处理。

第五十五条 合营公司的职工可以由当地劳动部门推荐，或者经劳动部门同意后，由合营公司公开招收。招聘一律通过考试，择优录用。

第五十六条 合营公司有权对违犯合营公司的规章制度和劳动纪律的职工给予警告、记过、降薪的处分，情节严重的可予以开除。开除职工须报当地劳动人事部门备案。

第五十七条 职工的工资待遇，参照中国有关规定，根据合营公司的具体情况，由董事会确定，并在劳动合同中具体规定。合营公司随着生产的发展与职工业务能力和技术水平的提高，应适当提高职工的工资。

第五十八条 职工的福利、奖金、劳动保护和劳动保险等事宜，合营公司将分别在各项制度中加以规定，确保职工在正常条件下从事生产和工作。

第九章　工会组织

第五十九条 合营公司职工有权按照《中华人民共和国工会法》的规定，建立工会组织，开展工会活动。

第六十条 合营公司工会是职工利益的代表，它的任务是依法维护职工的民主权利和物质利益；协助合营公司安排和合理使用福利、奖励基金；组织职工学习政治、业务、科学、技术知识，开展文艺、体育活动；教育职工遵守劳动纪律，努力完成合营公司的各项经济任务。

第六十一条 合营公司工会代表职工和合营公司签订劳动合同，并监督合同的执行。

第六十二条 合营公司工会负责人有权列席有关讨论合营公司的发展规划、生产经营活动等问题的董事会会议，反映职工的意见和要求。

第六十三条 合营公司工会参与调解职工和合营公司之间发生的争议。

第六十四条 合营公司每月按合营公司职工实际工资总额的百分之二拨交工会经费。合营公司工会按照中华全国总工会制定的相关管理办法使用工会经费。

第十章 期限、终止、清算

第六十五条 合营期限为 _______ 年。自营业执照签发之日起计算。

第六十六条 甲乙双方如一致同意延长合营期限，经董事会会议决议，应在合营期满前 6 个月向原审批机构提交书面申请，经批准后方能延长，并向原登记机构办理变更登记手续。

第六十七条 甲乙双方如一致认为终止合营符合各方最大利润时，可提前终止合营。合营公司提前终止合营，须董事会召开全体会议讨论决定，并报原审批机构批准。

第六十八条 发生下列情况之一时，甲、乙任何一方有权依法终止合营。（注：每个合资企业可根据自已的情况而定。）

第六十九条 合营期满或提前终止合营时，董事会应提出清算程序、原则和清算委员会人选，组成清算委员会，对合营公司财产进行清算。

第七十条 清算委员会的任务是对合营公司的财产、债权、债务进行全面清查，编制资产负债表和财产目录，制定清算方案，提请董事会通过后执行。

第七十一条 清算期间，清算委员会代表公司起诉或应诉。

第七十二条 清算费用和清算委员会成员的酬劳应从合营公司现存财产中优先支付。

第七十三条 清算委员会对合营公司的债务全部清偿后，其剩余的财产按甲、乙双方在注册资本中的出资比例进行分配。

第七十四条 清算结束后，合营公司应向审批机构提出报告，并向原登记机构办理注销登记手续，缴回营业执照，同时对外公告。

第七十五条 合营公司结业后，其各种账册由甲方保存。

第十一章 规章制度

第七十六条 合营公司董事会应制定以下规章制度：经营管理制度，包括所属各个管理部门的职权与工作程序；职工守则；劳动工资制度；职工考勤、升级与奖惩制度；职工福利制度；财务制度；公司解散时的清算程序；其他必要的规章制度。

第十二章　附则

第七十七条 本章程的修改必须经董事会会议一致通过决议，并报原审批机构批准。

第七十八条 本章程用中文和 ______ 文书写，两种文本具有同等效力。上述两种文本如有不符，以中文文本为准。

第七十九条 本章程须经中华人民共和国商务部（或其委托的审批机构）批准才能生效。修改时同。

第八十条 本章程于 ______ 年 ______ 月 ______ 日由甲、乙方的授权代表在中国 ______ 签字。

中国 ______ 公司代表　　　　______ 国 ______ 公司代表

（签字）　　　　　　　　　（签字）

第二章　外汇管理

外汇管理是指一国政府授权国家的货币金融当局或其他机构，对外汇的收支、买卖、借贷、转移及国际间结算、外汇汇率和外汇市场等实行的管制行为。《中华人民共和国外汇管理条例》（以下简称《外汇管理条例》）是我国外汇管理的基本行政法规，主要规定了我国外汇管理的基本原则与制度。由国务院于1996年1月29日发布，1996年4月1日起实施，2008年8月1日国务院第20次常务会议再次修订通过。根据《外汇管理条例》的规定，外汇是指下列以外币表示的可以用作国际清偿的支付手段和资产：①外币现钞，包括纸币、铸币；②外币支付凭证或者支付工具，包括票据、银行存款凭证、银行卡等；③外币有价证券，包括债券、股票等；④特别提款权；⑤其他外汇资产。

改革开放前，我国实行比较严格的外汇管理制度，国家对外贸和外汇实行统一经营，外汇收支实行指令性计划管理。所有外汇收入必须售给国家，用汇实行计划分配；对外基本不举借外债，不接受外国来华投资；人民币汇率仅作为核算工具。随着改革开放的不断深入，特别是2001年我国加入世界贸易组织后，我国对外经济迅猛发展，国际创客来华投资踊跃，我国的外汇管理体制，尤其是国际创客投资企业的外汇管理体制发生了重大变化。目前，已形成以《外汇管理条例》为主，包括其他外汇管理法规、行政规章和其他规范性文件在内的相对完善的法律体系。现依据我国外汇管理的相关法律法规，将国际创客投资企业所涉及的外汇业务予以介绍与归纳。

第一节　办理外汇登记

目前，我国外汇管理的职能部门是国家外汇管理局（以下简称“外汇局”）及其分局。

依法成立的国际创客投资企业均须办理国际创客投资企业外汇登记。国际创客投资企业自营业执照颁发之日起30日内，应当向注册地外汇局申请办理外汇登记手续。申请登记时须填写《外商投资企业基本情况登记表》，并提交下列材料原件及复印件：书面申请，法人委托书，工商营业执照及副本，商务部门批准企业成立的批复文件、批准证书，经批准设立企业的合同、章程，以及外汇局要求提供的其他文件。

外汇局对申请登记的企业提交的材料进行审查后，对符合登记条件的，向企业颁发外商投资企业外汇登记证（以下简称“外汇登记证”），外汇登记证格式由国家外汇管理局统一制定。已在注册地办理了外汇登记的企业，其在境内异地或境外设立的分支机构不再单独办理外汇登记。

外汇局通过外汇年检对外汇登记证每年核证一次，经过核证的外汇登记证为有效的外汇登记证，其有效期为1年。国际创客投资企业连续两年不参加联合年检的，其外汇登记证失效。未经外汇局批准，被注销外汇登记的国际创客投资企业不得在外汇指定银行办理外汇收支业务。

企业办理外汇登记证后，如发生变更企业名称、地址、经营范围或者发生转让、增资、合并等情况，应当在办理工商登记后，及时将有关材料送外汇局备案，并申请变更外汇登记证相关内容或更换外汇登记证。

企业经营期满或终止经营，经报原审批机关批准，在清算后30日内，到外汇局办理外汇登记注销手续，交回外汇登记证，并撤销所开立的外汇账户。企业遗失外汇登记证的，应当及时向外汇局报告，经外汇局审查，情况属实的，可给予补发。

第二节　开立外汇账户

一、国际创客投资企业外汇账户

国际创客投资企业凭外汇局核发的外汇登记证和开户通知书，可以在注册地开户银行开立外汇账户。企业按照不同情况可以申请开立投资类账户、收购类账户、费用类账户、保证类账户、资本金账户等不同的外汇账户，其开户数量、币种和账户资金规模不受限制。不同类别的外汇账户均可以开立不同币种的分账号。

企业确因业务需要在异地开立外汇基本账户和外汇专用账户的，可以向注册地外汇局提出申请，凭注册地外汇局的批准文件到开户地外汇局备案，经开户地外汇局核准并加盖戳记后，方可到开户银行办理开户手续。

经营外汇业务的银行为企业开立外汇账户后，应当在外汇登记证相关栏目中注明开户行名称、币种、账号、账户性质、开户日期，并加盖该行戳记。

二、其他外国投资者专用外汇账户

根据《国家外汇管理局关于完善外商直接投资外汇管理工作有关问题的通知》规定，外国投资者未在境内设立外商投资企业，但在境内从事直接投资或从事与直接投资相关的活动，可向投资项目所在地外汇局申请，以该投资名义开立外国投资者专用外汇账户。只允许外国投资者在一家银行开立一个币种专用外汇账户，经外汇局批准的除外。该账户根据用途分为四类：投资类账户、收购类账户、费用类账户、保证类账户。

外国投资者专用外汇账户内资金应以现汇汇入，不得以现钞汇入。账户内资金的结汇和划转须逐笔经外汇局核准。对收购类、费用类、保证类外国投资者专用外汇账户，若外国投资者在境内成立国际创客投资企业，上述账户资金余额可转入企业资本金账户，从上述账户结汇与划转的资金仅可凭外汇局开立的相应核准件作为外方出资并办理验资手续；若未在境内成立国际创客投资企业，外国投资者可凭外汇局开立的相应核准件办理未使用资金的购付汇及将该笔资金汇出境外的手续。

外国投资者出资比例低于注册资本 25% 的境内企业，应当凭外经贸部门核发的加注了“外资比例低于 25%”字样的外商投资企业批准证书和工商行政管理部门核发的加注了“外资比例低于 25%”字样的外商投资企业营业执照，办理外商投资企业外汇登记，并依据有关规定办理验资询证及外资外汇登记手续。

第三节　办理进出口核销登记备案

依照我国外汇管理的要求，为了预防和遏制逃汇、境外截留外汇，打击骗汇、走私等不法行为，我国对进出口企业实行出口收汇核销和进口付汇核销制度。办理进出口收付汇核销手续的企业必须先办理进出口核销的备案登记工作。

进出口收付汇核销备案登记可在企业办理第一笔进出口业务需要领取核销单时到外汇管理局同时办理。办理核销备案登记手续所需的材料如下：（1）单位介绍信、申请书；（2）中华人民共和国外商投资企业批准证书或中华人民共和国台港澳侨投资企业批准证书或中华人民共和国进出口企业资格证书正本及复印件；

（3）企业法人营业执照（正本）或企业营业执照（副本）及复印件；（4）海关注册登记证明书正本及复印件；（5）外汇局要求提供的其他材料。

企业出口核销的基本流程：（1）进入“中国电子口岸”，上网申领核销单。（2）到外汇局领取纸质核销单。（3）进入“中国电子口岸”，对核销单进行口岸备案。（4）到海关办理出口报关后，在“中国电子口岸”实行网上交单。（5）在银行收汇后，取得“出口收汇核销专用联”。（6）提供规定凭证到外汇局进行核销报告，办理核销手续，领取出口收汇核销单退税联。

企业办理进口付汇核销业务流程：

（1）企业到外汇局办理进入进口单位名录备案登记，领取核销管理号。（2）根据信用证、托收、预付、货到付款等不同的结算方式，分别向付款银行提供相应的付款证明资料，办理付汇手续（异地付汇还须先到外汇局办理备案表登记）。（3）货物报关后1个月内，到外汇局办理进口付汇核销手续。

第四节　外债登记

国家外汇管理局及其分局为全国外债登记和管理部门。

国际创客投资企业既可以根据企业经营的需要向境内银行借入外汇资金，也可以直接向境外银行或企业借入外汇资金，借款单位应在正式签订合同后15日内，到外汇管理部门办理外债登记证，取得外债登记证和核准件后借款合同方能生效履行。办理外债登记手续时所需材料主要包括：营业执照复印件、批准证书复印件、境内注册会计师事务所出具的验资报告复印件、借款合同正本、董事会决议正本、外汇登记证、境内机构外债签约情况表、加盖申请单位公章的业务申请表及外汇局要求的其他资料。

延期付款项下非信用证形式的贸易融资，债务人应当在货物进口后15日内，持延期付款合同、海关进口货物报关单（进口付汇核销专用联）正本、进口付汇核销单正本、商业发票正本到外汇局办理登记手续。已办理外债登记的债务合同如发生变化，债务人应当按照原程序办理外债变更登记。

经外汇管理局登记的外债为合法的借款业务，产生的符合国内商业银行同期利率的利息，允许作为财务费用在所得税前扣除。国际创客投资企业举借的中长期外债累计发生额和短期外债余额之和应当控制在审批部门批准的项目总投资和注册资本之间的差额以内。在差额范围内，国际创客投资企业可自行举借外债；超出差额的，须经原审批部门重新核定项目总投资。

作为债务人的国际创客投资企业的外债登记凭证在债务合同执行完毕后，将自动失效。开户银行应当在债务人借款使用完毕后，注销其贷款专户；在债务人偿清全部债务后，注销其还贷专户；债务人全部偿清外债登记证所载明的外债后，银行应立即注销其外债专用现汇账户或者还本付息外债专用现汇账户，债务人应当在账户注销后 15 日内向发证的外汇管理局缴销外债登记证。

国际创客投资企业向境内银行借款时，银行有权要求企业提供信用担保或抵押担保。国际创客投资企业向境外融资，并由经国家外汇管理局批准经营外汇担保业务的金融机构和有外汇来源的非金融性质企业为其提供担保的，须纳入国家利用外资计划规模。为国际创客独资企业提供担保，必须有等值的外汇资产作抵押。

第五节　国际收支申报

国际收支统计申报制度是指中国居民与非中国居民间发生的一切交易，由交易主体一方中国居民直接向外汇管理局或通过金融机构间接向外汇管理局进行国际收支统计申报的一种制度。《外汇管理条例》规定：凡在我国境内有国际收支活动的单位和个人，必须进行国际收支统计申报。国际收支统计申报为国际收支统计，我国国际收支统计申报范围为中国居民与非中国居民之间发生的所有经济交易及居民与居民之间、非居民与非居民之间所有跨境收支经济交易。我国对国际收支统计申报体系的具体规定可以分为三个层次：第一个层次为《国际收支统计申报办法》；第二个层次为《国际收支统计申报办法实施细则》；第三个层次为各种业务操作规程及有关通知。业务操作规程包括《通过金融机构进行国际收支统计申报业务操作规程》《证券投资统计申报业务操作规程》《汇兑业务统计申报操作规程》。其中，通过金融机构进行的国际收支统计申报为间接、逐笔申报，即交易主体必须通过相关金融机构逐笔申报其对外交易情况。

凡在境内银行任何一家网点首次办理涉外首付款业务的机构申报主体，应填写境内银行按照国家外汇管理局规定的格式和内容印制的《单位基本情况表》，同时提供营业执照等证明文件。申报主体为国际创客投资企业的，还应当提供外商投资企业批准证书。

中国境内国际创客投资企业及对境外直接投资的企业，应当填写直接投资统计申报表，并按照规定直接向外汇局申报其直接投资者与投资企业间的所有者权益、债权债务状况及分红派息等情况。

第六节　外汇支出

一、经常项目外汇支出

经常项目外汇支出包括贸易支持、劳务支出和单方面转移等。国际创客投资企业在规定范围内的对外支付，可以从其结算账户余额中直接办理，不足的也可以按规定以人民币资金向指定银行购买外汇支付。其中，企业外方投资者依法纳税后的利润、红利的汇出及按照规定应当以外币支付的股息，依法纳税后，持董事会利润分配决议书，从其外汇账户中支付或者到外汇指定银行兑付。企业中的外籍职工依法纳税后的人民币工资及其他正当收益，可持证明材料到指定银行兑付。

企业以预付货款方式向其境外总（母）公司或其境外总（母）公司在中国以外的国家和地区（含我国港澳台地区）设立的分公司、参股或控股的公司支付进口货款，可不出具预付货款保函，凭进口合同、进口付汇核销单、形式发票、外商投资企业外汇登记证或其他关联公司的证明等单证，直接到外汇指定银行办理购付汇手续。

二、资本项目外汇支出项目

资本项目外汇是指国际收支中因资本输出和输入而产生的资产与负债的增减项目资本，包括直接投资、各类贷款、证券投资等。根据《外汇管理条例》的规定，所有一切资本项目外汇支出都必须经过外汇局审批。

国际创客投资企业的外汇支出项目主要包括偿还贷款本金、对外担保履约用汇；企业外汇资本金的增加、转让或以其他方式处置；投资性外商投资企业外汇资本金在境内增加投资；企业依法清算后的资金汇出；外商投资企业外方所得利润在境内增资或者再投资等。

偿还外债本金应当事先持外债登记凭证、外债合同、债权机构还本付息通知单（还本付息通知单应当写明偿还本息总额、计算本金额、利率、计息方法、计息天数等内容）向外汇局申请，经外汇局核准后方可从其外汇账户中支付或者到外汇指定银行兑付。境内机构通过还贷专户偿还境内中资金融机构外汇贷款本息及费用，经批准后，可以持外汇（转）贷款登记证、债权人还本息通知单、借款合同，到开户金融机构办理。没有办理登记手续的外债偿还，外汇局不予核准。

对外担保履约也须外汇局批准。企业应持担保合同、外汇局核发的外汇担保登记证及境外机构支付通知到所在地的外汇局办理担保登记手续。

国际创客投资企业的外汇资本金的增加、转让或者其他方式的处置，应持董事会决议，经外汇局核准后，从其外汇账户中支付或者持外汇局核发的售汇通知单到外汇指定银行兑付。投资性国际创客投资企业外汇资本金在境内投资及外方所得利润在境内增资或者再投资的应持外汇局核准件办理。

依法终止的外商投资企业，按照国家有关规定进行清算、纳税后，属于外方投资者所有的清算所得额，经外汇局批准后，可以向指定银行购汇汇出或者携带出境；属于中方投资者所有的外汇，应当全部卖给指定银行。

企业的外方投资者以外汇或者人民币利润在境内进行再投资，须持有关材料向所在地外汇局申请，经审核无误后，出具外方所得利润在境内再投资的证明，作为再投资的企业办理工商注册和注册会计师事务所验资的有效凭证。银行凭外汇局出具的证明，允许企业从其外汇结算账户或汇资本金账户中支付。

企业外方所得利润在境内增资，应提供项目审批部门批准增资的有关文件及其他材料，向所在地外汇局申请。

第七节　结汇

一、经常项目结汇

凡未有规定或未经核准可以保留现汇的经常项目下的外汇收入必须办理结汇。凡无法证明属于经常项目的外汇收入均应按照资本项目外汇结汇的有关规定办理。国际创客投资企业经常项目下外汇收入可以在外汇局核定的最高额以内保留外汇，超出部分应当卖给外汇指定银行，或者通过外汇调剂中心卖出。

二、资本项目结汇

外汇局根据相关条件，将国际创客投资项下资本金结汇核准权授予符合条件的银行，由银行在权限范围内履约审核、统计监测和报备责任。外汇局通过被授权银行对国际创客投资项下资本金结汇实施间接监管。国际创客投资项下资本金是指经外汇局核定最高限额的国际创客投资企业资本金账户内的外汇资金。资本金账户以外的其他资本项下外汇资金结汇，仍须经外汇局核准。

对于一次结汇金额在 20 万美元以上的，外汇局及经授权的外汇指定银行要求申请企业向其提供有关结汇资金用途的书面支付命令，然后直接向指定的收款人进行支付。对于企业支付工资、留存备用金或结汇资金在 20 万美元以下的（含 20 万美元）的小额支付，可以不提供书面支付命令而将结汇资金进入申请企业人民币账户，但该企业在办理下一笔结汇时，应提供上一笔结汇资金的用途明细清单。

国际创客投资企业举借的中长期外债累计发生额和短期外债余额之和要严格控制在审批部门批准的项目投资总额和注册资本之间的差额以内。非经原审批部门批准变更投资总额，外汇局不得办理国际创客投资企业超额汇入部分外债资金的登记和结汇核准手续。

国际创客投资企业在办理上述结汇业务时，应按照外汇局的要求提供下述所列有效凭证：办理外汇资本金的结汇，应持外商投资企业外汇登记证，在境内采购设备、原材料的合同或者其他费用的收据；办理借入的中长期国际商业贷款的结汇，应持外债登记证、立项合同和境内采购合同；办理借入的用于贸易项下流动资金的短期国际商业贷款的结汇，应持外债登记证、有关贸易凭证、商业单据和上年度资产负债表；办理在境外发行的除股票以外的其他有价证券的结汇，应持外债登记证及其授权部门的批准文件，按批准文件规定的用途和比例结汇。

第三章　涉外税收制度

第一节　概述

近年来，外国在中国的直接投资一直在快速增长，中国在对外开放早期充分有效地运用了税收优惠政策引进外资，税收优惠政策成为国际创客选择中国投资的重要因素之一。2008年开始施行《中华人民共和国企业所得税法》(以下简称《企业所得税法》)，国际创客投资企业作为居民企业与中国境内设立的内资企业一样适用同样的所得税法律规定。目前，中国的税收制度设有近30个税种，在已经公布的税收法律、条例、办法中，明确适用于国际创客投资企业、外国企业或者外国人的税种有以下14个:《中华人民共和国增值税暂行条例》《中华人民共和国消费税暂行条例》《中华人民共和国营业税暂行条例》《中华人民共和国进出口关税条例》《中华人民共和国企业所得税法》《中华人民共和国个人所得税法》《中华人民共和国资源税暂行条例》《中华人民共和国房产税暂行条例》《中华人民共和国土地增值税暂行条例》《中华人民共和国车辆购置税暂行条例》《中华人民共和国车船税法》《中华人民共和国船舶吨税暂行条例》《中华人民共和国印花税暂行条例》《中华人民共和国契税暂行条例》。

本书摘选了部分国际创客投资企业常用的税收规定，并附上笔者2008年之前承办的部分税务案件，进一步增进读者对国际创客投资企业税收优惠的了解，以便灵活应对相关税收工作，达到提高企业经营管理的目的。

第二节　企业所得税

《企业所得税法》是为了使中国境内企业和其他区的收入的组织缴纳企业所得税制定的法律。《企业所得税法》由中华人民共和国第十届全国人民代表大会第五次会议于2007年3月通过，2017年2月进行修正，现行版本于2018年12月第十三届全国人民代表大会常务委员会第七次会议通过决定修改。

在中华人民共和国境内，企业和其他取得收入的组织（以下统称为企业）为企业所得税纳税人，依照本法的规定缴纳企业所得税。企业分为居民企业和非居民企业。最新企业所得税税率表如表1所示。

表1　最新企业所得税税率表

项目	税率
企业所得税税率	25%
符合条件的小型微利企业（自2019年1月1日—2021年12月31日，应缴纳所得额不超过100万元的部分，减按25%计入应纳税所得额；超过100万元但不超过300万元的部分，减按50%计入应纳税所得额）	20%
国家需要重点扶持的高新技术企业	15%
技术先进型服务企业（中国服务外包示范城市）	15%
线宽小于0.25微米的集成电路生产企业	15%
投资额超过80亿元的集成电路生产企业	15%
设在西部地区的鼓励类产业企业	15%
广东横琴、福建平潭、深圳前海等地区鼓励类产业企业	15%
国家规划布局内的重点软件企业和集成电路设计企业	10%
对从事污染防治的第三方企业（自2019年1月1日—2021年12月31日）	15%
非居民企业在中国境内未设立机构、场所的，或者虽设立机构、场所但取得的所得与其所设机构、场所没有直接联系的，应当就其来源于中国境内的所得缴纳企业所得税	

国际创客投资企业，如依法在中国境内成立，或者依照外国（地区）法律成立但实际管理管理机构在中国境内，则认定为居民企业，其所得税按应纳税所得额计算，税率为25%；如依照外国（地区）法律成立且实际管理机构不在中国境内，但在中国境内设立机构、场所的，或者在中国境内未设立机构、场所，但有来源于中国境内所得的，则认定为非居民企业，其企业所得税按来源于中国境内的所得计算，税率为20%。企业每一纳税年度的收入总额，减除不征税收入、免税收入、各项扣除以及允许弥补以前年度亏损后的余额，为应纳税所得额。

一、国际创客投资企业所得税的优惠政策

（一）生产性国际创客投资企业可以享受的减免税优惠待遇

从事机械制造、电子工业；能源工业（不包括石油、天然气开采）；冶金（不包括稀有金属、贵重金属开采）、化学、建材工业；轻工、纺织、包装工业；医疗器械、制药工业；农业、林业、畜牧业、渔业和水利业；建筑业；交通运输业（不包括客运）等生产性企业；直接为生产服务的科技开发、地址普查、产业信息咨询和生产设备、精密仪器维修服务业；其他生产性外商投资企业（如从事建筑、安装、装配工程设计和为工程项目头供劳务、饲养、养殖、种植业，生产技术的研究和开发，用自有运输工具和储藏设施直接为客户提供运输、仓储服务的企业等），经营期在十年以上的，可以从开始获利午度起，第 年至第二年免税，第三年至第五年减半征税，企业实际经营期不满十年的，应当补交已经免征、减征的税款。

国际创客从事经营农业、林业、牧业的企业和设在经济不发达的边远地区的企业在上述免税、减税期满后，经过企业申请，国家税务总局批准，在以后的十年之内还可以按照应纳企业所得税税额减征15%至30%。

案例1 某实业有限公司是从事农业的生产型国际创客投资企业，经营期20年，2005年年初开始营业，当年即盈利，经税务机关批准，2005年、2006年免征企业所得税，2007年、2008年、2009年减半征收企业所得税。2009年免税、减税期满，经税务机关批准，从2010年开始到2024年，按应纳税额减征20%的企业所得税。2020年企业实现应纳税所得额500万元，企业所得税率为25%，则企业当年的应纳税额是多少？

解答：应纳税额 =500×25%×（1-20%）=100万元。

分析：对于兼营生产型业务和非生产型业务的国际创客投资企业，如果其营业执照限定的经营范围兼营生产型业务和非生产型业务，或者营业执照限定的经

营范围仅有生产型业务但实际也从事非生产型业务的，在企业开始获利年度起计算的减免期限内，可在其生产型企业经营收入超过全部业务收入50%的年度，提出申请，经主管税务机关批准，享受该年度相应的免、减税待遇；其生产型经营收入未超过全部业务收入50%的年度，不得享受该年度相应的免、减税待遇。如果其营业执照限定的经营范围并无生产型业务，无论其实际经营活动中生产型业务的比重有多大，均不能享受上述免、减税待遇。

（二）国际创客举办的产品出口企业和先进技术企业可以享受的减税待遇

国际创客举办的产品出口企业在享受法定免税、减税期满后，当年出口产品产值达到当年企业产品产值70%以上的，当年可以减按15%税率征税。其中，根据有关规定已经按照15%的税率征税的企业可以减按10%的税率征税。

国际创客举办的先进技术企业，在享受法定免税、减免期满后仍为先进技术企业的，可以在以后的三年内减按15%的税率征税。

（三）国际创客创办的企业可以享受的免税、减税待遇

国际创客从其他投资的企业取得的利润，可以免税。

国际创客从其投资企业取得的利润直接再投资于该企业，增加注册资本，或者作为资本投资开办其他外商投资企业，经营期不少于五年的，经过投资者申请，主管税务机关批准，可以退还再投资部分已经缴纳企业所得税的40%；再投资扩建或者新建产品出口企业和先进技术企业，经营期不少于五年的，可以全部退还再投资部分所缴纳的税款；再投资不满五年撤出的，应当缴回已经退还的税款。

案例2 甲有限公司2000年从其投资的中外合资经营企业——乙公司获得利润1 500万元，乙公司企业所得税税率为15%，地方所得税税率为3%。经合资各方协商同意，该国际创客将该1 500万元再投资于乙公司，用于增加注册资本，则按规定可返回企业所得税税款是？

解答：退税款=1 500÷（1–18%）×15%×40%=109.76万元。

分析：甲公司的外国投资者将其投资的乙公司中取得的利润，在提取前直接再投资于乙公司，经营期不少于5年的，经投资者申请，税务机关批准，退还其再投资部分已缴纳所得税的40%税款。其退税额按下列公式计算：

退税额=再投资额/（1–原实际适用的企业所得税与地方所得税税率之和）×原实际适用的企业所得税税率×40%。

备注：外国投资者的再投资不到5年撤出的，应当撤回已退的税款。

法律依据：《国际创客投资企业和外国企业所得税法》《国际创客投资企业和外国企业所得税法实施细则》等文件规定：国际创客投资企业的外国投资者将其从企业取得的利润再提取前直接再投资于该企业，增加注册资本，或者再提取后作为资本投资开办其他国际创客投资企业，经营期不少于5年的。经投资者申请，税务机关批准，退还其再投资部分已缴纳所得税的40%税款。但地方所得税不在退税之列。

（四）关于劳动就业服务企业减免税政策

凡当年安置城镇待业青年，富余职工、富余人员、农转非人员和两劳释放人员占企业总人数60%以上的，经批准可减免所得税3年；免税期满后当年新安置待业人员占企业原从业人员总数30%以上的，经批准可减半征收所得税2年。

关于民政福利企业减免税政策对民政福利生产单位，凡安置"四残"人员占生产人员总数35%以上的，暂免征收所得税；凡安置"四残"人员占生产人员总数10%以上未到35%的减半征收所得税。"四残"人员包括盲、聋、哑和肢体残疾。

（五）关于兴办第三产业企业所得税的优惠政策

对新办的独立核算的从事咨询业、信息业、技术服务业的企业或经营单位，自开业之日起，第一年至第二年免征所得税。

对新办的独立核算的从事公用事业、商业、物资业、对外贸易业、旅游业、仓储业、居民服务业、饮食业、教育文化事业、卫生事业的企业或经营单位，自开业之日起可减征或者免征所得税一年。

为了安置随军家属而新办的企业，自领取税务登记证之日起，三年内免征企业所得税。

（六）关于高新技术企业的税收优惠政策

国务院批准的高新技术产业开发区内的企业，经市科委组织认定为高新技术企业的，可按15%的税率征收所得税。

国务院批准的高新技术产业开发区内新办的高新技术企业，自投产之日起免征所得税两年。

案例3 某中外合资公司为生产型高新技术企业，2015年起享受"两免三减半”税收优惠，2017 年、2018 年、2019 年分别实现收入 1 000 万元、1 400 万元、1 600 万元，其中 2018 年的收入包括技术转让所得 500 万元，2019 年该公司研究新产品新工艺发生费用 120 万元，由于未形成无形资产，直接作为当期费用扣除，计算该公司 2017 年、2018 年、2019 年应缴纳企业所得税。

解答：

（1）2017 年应缴纳税额 =1 000 万元 ×7.5%=75 万元。

（2）2018 年应缴纳税额 =（1 400 － 500）万元 ×7.5%=67.5 万元。

（3）2019 年应缴纳税额 =（1 600 － 120 － 120×50%）万元 ×7.5%=67.5 万元。

分析：该公司系生产型高新技术企业，按高新技术企业的税收优惠规定，2017 年至 2019 年企业所得税按 15% 的税率减半征收，应享受 7.5% 的税率优惠。按《企业所得税法》规定，国家需要重点扶持的高新技术企业，减按 15% 的税率征收企业所得税，不再延续之前 7.5% 税率的税收优惠。

其中，2018 年技术转让所得免征增值税和所得税，因此要从应纳税所得额中扣减。2019 年新产品新工艺的费用在按 100% 扣减的基础上，还应按实际发生额的 50% 扣除。

若该公司同时是先进技术企业，在享受“两免三减半”期满仍是先进技术企业的，应延长 3 年税收优惠，按 10% 税率征收企业所得税。

（七）关于软件产业和集成电路产业发展的优惠政策

对我国境内新办软件生产企业和集成电路设计企业经认定后，自开始获利年度起，第一年和第二年免征企业所得税，第三年至第五年减半征收企业所得税；对国家规划布局内的重点软件生产企业，如当年未享受免税优惠的，减按 10% 的税率征收企业所得税。集成电路生产企业的生产性设备，经主管税务机关核准，其折旧年限可以适当缩短，最短可为三年。

案例 4　中日合资甲电子公司 2016 年、2017 年、2018 年分别从其投资的先进技术企业——乙机电开发公司获得利润 400 万元、500 万元和 600 万元，甲公司所得税税率为 15%，地方所得税税率为 3%。2019 年 9 月该国际创客将其中的 1 500 万元再投资举办一个新的先进技术企业——丙科技发展公司，则按规定可退回企业所得税税率为？

解答：退税额 =1 500/（1–18%）×15%=274.39 万元。

法律依据：外国投资者在中国境内直接再投资举办、扩建先进技术企业，可依照国务院的有关规定，全部退还其再投资部分已缴纳的企业所得税税款。其退税额按下列公式计算：

退税额＝再投资额/（1-原实际运用的企业所得税与地方所得税税率之和）×原实际适用的企业所得税税率。

外国投资者直接再投资举办、扩建的先进技术企业，应当自再投资资金投入后一年内，待审核确认部门出具的被投资企业为先进的证明材料，到当地税务机关办理退还再投资部分已经缴纳的全部所得税税款。如果被投资企业在规定的办理再投资退税期限内，因各种原因经考核没有到达先进技术企业标准，税务机关应按40%的退税比例办理退税。被投资企业在开始生产、经营之日起或再投资资金投入使用后一年内，经考核确认为先进技术企业，再按100%退税率补退其差额部分。

按照规定，外国投资者按照上述规定申请退税时，应当向税务机关提供能够确认其用于再投资的利润所属年度的证明，载明其再投资金额、再投资期限的增资或者出资证明。税务机关应按40%的退税比例办理退税。被投资企业在开始生产、经营之日或再投资资金投入使用后3年内，经考核达到产品出口企业标准，再按100%退税率补退其差额部分。

按照规定，外国投资者按照上述规定申请退税时，应当向税务机关提供能够确认其用于再投资的利润所属年度的证明，载明其再投资金额、再投资期限的增资或者出资证明，有关部门出具的确认举办、扩建的企业为产品出口企业的证明，经税务机关审批准后办理退税。

以上例为准，假如新的先进技术企业丙科技公司2019年2月开始营业，经考核未达到先进技术企业标准的，该国际创客向税务机关申请退税，则税务机关按照规定向其退税109.76万元（274.39×40%）；2019年12月该企业经考核达到先进技术企业标准的，该国际创客向税务机关申请退税，则税务机关按照规定向该国际创客补退其余的60%，即164.63万元（274.39×60%）。

二、国际创客投资企业税额扣除税收优惠

按照《中华人民共和国外商投资企业和外国企业所得税法》的规定，国际创客投资企业来源于中国境外的所得，已在境外缴纳的所得税税款，准予在汇总纳税时，从其应纳税额中扣除，但扣除额不得超过其境外所得依照法规计算的应纳税额。这里所说的已在境外缴纳的所得税税款是指国际创客投资企业就来源于中国境外的所得在境外实际缴纳的所得税税款，不包括纳税后又得到补偿或者由他人代为承担的税款。

这里所说的境外所得依照法规计算的应纳税额是指外商投资企业的境外所得，依照有关规定扣除为取得该项所得所应摊计的成本、费用及损失，得出应纳税所得额，据以计算的应纳税额。该应纳税额即为扣除限额，应当分国不分项计算，其计算公式如下：

境外所得税税款扣除限额 = 境内、境外所得按税法计算的应纳税总额 × 来源于某外国的所得额 / 境内、境外所得总额。

国际创客投资企业就来源于中国境外的所得在境外实际缴纳的所得税税款，低于依照规定计算出的扣除限额的，可以从应纳税额中扣除其在境外实际缴纳的所得税税款；超过扣除限额的，其超过部分不得作为税额扣除，也不得列为费用支出，但可以用以后年度税额抵免后的余额补扣，补扣期限最长不得超过 5 年。

国际创客投资企业在依照相关规定扣除税额时，应当提供境外税务机关填发的同一纳税年度纳税凭证原件，不得用复印件或者不同年度的纳税凭证作为扣除税额的凭据。

案例 5　某通信器材开发公司系国际创客投资企业，2000 年全年实现利润 1 400 万元，其中从美国取得经营利润 304 万元，已经在美国缴纳所得税 121.6 万元；从英国取得投资利润 299 万元，已经在英国缴纳所得税 57.6 万元。则其境外所得在汇总缴纳税时的扣除限额如下：

美国所得的扣除限额 =1 400 × 33% ×（304/1 400）=100.32 万元。

在美国实际缴纳的税款为 121.6 万元，则在汇总缴纳企业所得税时可以扣除 100.32 万元，其余 21.29 万元留等以后年度补扣。

英国所得的扣除限额 =1 400 × 33% ×（299/1 400）=98.67 万元。

在英国实际缴纳的税款 57.6 万元，低于扣除限额，则在汇总缴纳企业所得税时可以将在英国实际缴纳的税款 57.6 万元全额予以扣除。

2008 年《企业所得税法》施行后，外资公司取得已在境外缴纳的所得税税额，可以从其当期应纳税额中抵免，抵免限额为该项境外所得依照规定计算的应纳税额；超过抵免限额的部分，可以在以后五个年度内，用每年度抵免限额抵免当年应抵税额后的余额进行抵补。具体计算方法与《中华人民共和国外商投资企业和外国企业所得税法》相同，仅税率有变动，居民企业税率为 25%，非居民企业的税率为 20%。

案例 6　某国际创客创办的甲企业 2019 年全年取得收入总额为 3 000 万元，取得租金收入 50 万元；销售成本、销售费用、管理费用共计 2 800 万元；“营业外支出”中列支 35 万元，其中，通过希望工程基金委员会向某灾区捐款 10 万元，直接向某困难地区捐赠 5 万元，非广告性赞助 20 万元。

计算：甲企业全年应缴纳多少企业所得税?

解答：

（1）会计利润 = 3 000+50-2 800-35=215 万元。

（2）公益性捐赠扣除限额 = 215 × 12%=25. 8 万元 > 10 万元，公益性捐赠的部分可以据实扣除。

（3）直接捐赠不得扣除，纳税调增 5 万元。

（4）非广告性赞助支出 20 万元需要做纳税调增。

（5）应纳税所得额 = 215+5+20=240 万元。

（6）应纳所得税额 = 240 × 25%=60 万元。

第三节　增值税

增值税是对销售货物或者提供加工、修理修配劳务以及进口货物的单位和个人就其实现的增值额征收的税种。1993 年 12 月 13 日，国务院发布了《中华人民共和国增值税暂行条例》，自 1994 年 1 月 1 日起对在我国境内销售货物、加工修理修配劳务以及进口货物的单位和个人征收增值税。1993 年 12 月 25 日，财政部印发了《中华人民共和国增值税暂行条例实施细则》。2016 年 3 月 23 日，经国务院批准，财政部、税务总局联合印发了《关于全面推开营业税改征增值税试点的通知》，全面推开营业税改征增值税试点，将建筑业、房地产业、金融业、生活服务业等全部原营业税纳税人，纳入增值税征税范围。为了巩固营改增试点成果，2017 年 10 月 30 日，全面取消营业税，调整完善《中华人民共和国增值税暂行条例》相关规定。施行增值税有以下几点意义：有利于贯彻公平税赋，有利于生产经营结构的合理化，有利于扩大国际贸易往来，有利于国家普遍、及时、稳定地取得财政收入。

一、增值税的纳税人

在中华人民共和国境内销售货物或者提供加工、修理修配劳务及进口货物的单位和个人，为增值税的纳税义务人。增值税征收范围包括销售货物、提供应税劳务和进口货物。

二、增值税的税率

根据确定增值税税率的基本原则，我国增值税设置了一档基本税率和一档低税率，此外还有对出口货物实施的零税率。

（一）基本税率

纳税人销售或者进口货物，除列举的外，税率均为13%，提供加工、修理修配劳务的，税率也为13%，这一税率就是通常所说的基本税率。

（二）低税率

纳税人销售或者进口下列货物的，税率为9%。这一税率即通常所说的低税率。

（1）粮食、食用植物油。

（2）自来水、暖气、冷气、热水、煤气、石油液化气、天然气、沼气、居民用煤炭制品。

（3）图书、报纸、杂志。

（4）饲料、化肥、农药、农机、农膜。

（5）农业产品。

（6）金属矿采选产品。

（7）非金属矿采选产品。

（8）音像制品和电子出版物（自2007年1月1日起）。

（9）二甲醚（自2008年7月1日起）、盐（自2007年9月1日起）。

（10）国务院规定的其他货物。

（三）零税率

纳税人出口货物，税率为零。但是国务院另有规定的除外。

（四）其他规定

纳税人兼营不同税率的货物或者应税劳务的，应当分别核算不同税率货物或者应税劳务的销售额。未分别核算销售额的，从高适用税率。纳税人销售不同税率货物或应税劳务，并兼营应属一并征收增值税的非应税劳务的，其非应税劳务应从高适用税率。

2019年4月1日最新增值税税率如表2所示，小规模纳税人及简易征收的一般纳税人税率如表3所示。

表2　2019年4月1日最新增值税税率表

序号	应税行业	税率
一、	销售货物、加工、修理修配劳务	13%
1.	销售或进口货物（除适用 9% 的货物外）	13%
2.	提供加工、修理、修配劳务	13%
3.	提供有形动产租赁服务	13%
二、	销售或进口货物中的低税率	9%
1.	粮食、食用植物油	9%
2.	自来水、暖气、冷气、热水、煤气、石油液化气、天然气、沼气、居民用煤炭制品	9%
3.	图书、报纸、杂志	9%
4.	饲料、化肥、农药、农机、农膜、农业产品	9%
5.	国务院规定的其他货物	9%
三、	小规模纳税人及简易征收的一般纳税人	3%
四、	出口货物	零税率
五、	销售或进口服务	
1.	交通运输服务	9%
2.	邮政服务	9%
3.	建筑服务	9%
4.	销售不动产	9%
5.	销售无形资产	6%，其中转让土地使用权 9%
6.	电信服务	6%，其中基础电话服务 9%
7.	金融服务	6%
8.	生活服务	6%
9.	现代服务	6%，其中有形动产租赁服务 13%
10.	纳税人出口货物（国务院另有规定的除外）	零税率

续 表

序号	应税行业	税率
11.	境内单位和个人跨境销售国务院规定范围内的服务、无形资产	零税率
12.	销售货物、劳务，提供的跨境应税行为，符合免税条件的	免税
	境内的单位和个人销售适用增值税零税率的服务和无形资产，可以放弃适用增值税零税率，选择免税或按规定缴纳增值税；放弃适用增值税零税率后，36个月内不得再申请适用增值税零税率	

表3 小规模纳税人及简易征收的一般纳税人税率表

	简易计税	征收率
小规模纳税人以及允许适用简易计税方式计税的一般纳税人	小规模纳税人销售货物或者加工、修理修配劳务，销售应税服务、无形资产；一般纳税人发生按规定适用或者可以选择适用简易计税方法计税的特定应税行为，但适用5%的征收率的除外	3%
	销售不动产；符合条件的经营租赁不动产（土地使用权）；转让营改增前取得的土地使用权；房产地开发企业销售、出租自行开发的房地产项目；符合条件的不动产融资租赁；选择差额纳税的劳务改造、安全保护服务；一般纳税人提供人力资源外包服务	5%
	个人出租住房，按照5%的征收率减按1.5%计算应纳税额	5%减按1.5%
	纳税人销售旧物；小规模纳税人（不含其他个人）以及符合规定情形的一般纳税人销售自己使用过的固定资产，可依3%的征收率减按2%征收增值税	3%减按2%

（五）税率调整

从2018年5月1日起，国务院将制造业等行业增值税税率从17%降至16%，将交通运输、建筑、基础电信服务等行业及农产品等货物的增值税税率从11%降至10%。

根据自2019年4月1日起执行的《关于深化增值税改革有关政策的公告》(以下简称《公告》)。增值税一般纳税人发生增值税应税销售行为或者进口货物，原适用16%税率的，税率调整为13%；原适用10%税率的，税率调整为9%。

2019年4月1日起，中国下调进口货物增值税率，这将使进口企业全年进口环节增值税税负减少约2 250亿元人民币，消费者税负减少13.5亿元人民币，进一步激发市场活力。

三、增值税优惠政策

（一）不征

增值税纳税人发生经济行为，但不属于增值税应税范围，不需要缴纳增值税。主要包括纳税人取得中央财政补贴、未发生销售行为的不征税项目（预付卡销售和充值、销售自行开发的房地产项目预收款、已申报缴纳营业税未开票补开票等）、被保险人获得的保险赔付、存款利息等。

不征收增值税项目发票开具规定，可使用“未发生销售行为的不征税项目”编码，发票税率栏应填写“不征税”，且不得开具增值税专用发票。

（二）免税、免征

增值税纳税人发生增值税应税行为，符合国家政策规定的，在销售时免征增值税。主要包括免征部分鲜活肉蛋产品流通环节增值税、养老机构提供的养老服务免征增值税、图书批发零售环节免征增值税等。

用于免征增值税项目的购进货物、劳务、服务、无形资产和不动产进项税额不得抵扣。

增值税小规模纳税人发生增值税应税行为，符合国家政策规定的，对其计算出来的应纳税额在不超过限额规定的，免征增值税。

对月销售额10万元以下（含本数）的增值税小规模纳税人，免征增值税。

享受小规模纳税人免征增值税的纳税人，向主管税务机关申请代开增值税普通发票，在当期累计代开票销售额低于免征标准前，代开票时暂不征收增值税；一旦当期累计代开票销售额超过免征标准，则应对当期全部代开票销售额一并计征。

（三）减税

增值税纳税人发生增值税应税行为，符合国家政策规定的，在销售时对其计算出来的应征税额，相应的给予减征优惠。

纳税人销售自己使用过的不得抵扣且未抵扣的固定资产，按照 3% 征收率减按 2% 征收增值税、销售旧货依 3% 减按 2% 征收增值税等。

适用按 3% 征收率减按 2% 征收增值税政策的，应开具普通发票，不得开具增值税专用发票；可以放弃减税，按照简易办法依照 3% 征收率缴纳增值税，并可以开具增值税专用发票。

（四）退税

对按规定申报缴纳的税款，符合政策规定的，由税务机关在征税时部分或全额退还。软件产品增值税即征即退、安置残疾人就业增值税即征即退、资源综合利用产品及劳务增值税即征即退、有形动产融资租赁服务增值税即征即退、铂金增值税即征即退、动漫企业增值税即征即退、飞机维修劳务增值税即征即退等。

以增值税一般纳税人销售其自行开发生产的软件产品为例，按适用税率征收增值税后，对其增值税实际税负超过 3% 的部分实行即征即退政策：

即征即退税额 = 当期软件产品增值税应纳税额 − 当期软件产品销售额 × 3%；

当期软件产品增值税应纳税额 = 当期软件产品销项税额 − 当期软件产品可抵扣进项税额；

当期软件产品销项税额 = 当期软件产品销售额 × 适用税率。

1. 增值税出口退税

增值税出口退税

是指将增值税一般纳税人的出口货物在国内生产和流通过程中已经缴纳的增值税予以退还。生产企业出口免抵退税、外贸免退税等。出口环节适用的零税率不等于免税。

计算公式：以适用出口退税政策的外贸企业出口委托加工修理修配货物以外的货物为例。

增值税应退税额 = 增值税退（免）税计税依据 × 出口货物退税率。

2. 增值税留抵退税

当纳税人以往期间进项税额大于销项税额时，会产生留抵税额，对这部分

"可以留到未来抵扣的进项税额"，予以提前退还。

相关政策：自 2019 年 4 月 1 日起，试行增值税期末留抵税额退税制度，满足条件的纳税人，可以申请退还增量留抵税额；自 2019 年 6 月 1 日起，满足条件的部分先进制造业纳税人，可以申请退还增量留抵税额。

计算公式：允许退还的增量留抵税额 = 增量留抵税额 × 进项构成比例 ×60%（先进制造业纳税人取消了 60% 退税比例的限制）。

其中，进项构成比例为 2019 年 4 月至申请退税前税款所属期内已抵扣的增值税专用发票（含税控机动车销售统一发票）、海关进口增值税专用缴款书、解缴税款完税凭证注明的增值税额占同期全部已抵扣进项税额的比重。

四、涉及国际创客的"退、抵、免"政策

（一）来料加工模式

1. 办理出口退税登记

（1）有关证件的送验及登记表的领取

企业在取得有关部门批准其经营出口产品业务的文件和工商行政管理部门核发的工商登记证明后，应于 30 日内办理出口企业退税登记。

（2）退税登记的申报和受理

企业领到"出口企业退税登记表"后，即按登记表及有关要求填写，加盖企业公章和有关人员印章后，连同出口产品经营权批准文件、工商登记证明等证明资料一起报送税务机关，税务机关经审核无误后，即受理登记。

（3）填发出口退税登记证

税务机关接到企业的正式申请，经审核无误并按规定的程序批准后，向企业核发"出口退税登记证"。

（4）出口退税登记的变更或注销

当企业经营状况发生变化或某些退税政策发生变动时，应根据实际需要变更或注销退税登记。

2. 办理来料加工贸易免税证明

企业以"来料加工"贸易方式免税进口原材料、零部件后，凭海关核签的"来料加工进口货物报关单"和《来料加工登记手册》向主管出口退税的国税机关办

理“来料加工贸易免税证明”，持此证明向主管征税的国税机关申报办理免征加工或委托加工货物及其工缴费的增值税、消费税。货物出口后，凭来料加工出口货物报关单和海关已核销的来料加工登记手册、收汇凭证向主管出口退税的税务机关办理核销手续。逾期未核销的，主管出口退税的税务机关部门将会同海关和主管征税的税务机关部门及时予以补税和处罚。

3. 退免税规定

（1）退税。根据现行的《中华人民共和国增值税暂行条例》和《中华人民共和国消费税暂行条例》的规定，有些货物在国内是免税的，因而此类货物出口后也是以不含税成本进入国际市场进行竞争的。根据“未征不退”的原则，对国家统一规定的免税货物出口后不再予以退税。对来料加工复出口的货物，其国际创客来料部分进口时是免税的，生产企业加工复出口的货物的加工费收入也是免征增值税、消费税的，所以出口后也不退税。

（2）免税。有进出口经营权并已向主管退税税务机关办理出口退税登记的出口企业，可以“来料加工”贸易方式免税进口原材料、零部件加工复出口的货物，另有规定的除外。加工企业可凭主管企业出口税务局的税务机关出具的“来料加工免税证明”，向主管征税税务机关申报办理免征国内加工环节其加工或委托加工货物工缴费的增值税、消费税。

据此，在来料加工的贸易方式下，由于加工所用原材料、部件未征税，因此没有退税问题，而对于其收取的工缴费可以依法免税。

（二）进料加工模式

1. 退税程序

生产企业以“进料加工”贸易方式进口料件加工复出口的，对其进口料件应根据海关核准的《进料加工登记手册》填具“进料加工贸易申请表”，报经主管其出口退税的税务机关同意盖章后，再将此申请表送至主管其征税税务机关，并准许其在计征加工成品的增值税时对这部分进口料、件按规定征税税率计算税额予以抵扣。货物出口后，主管退税的税务机关在计算其退税或抵免税额时，应对这部分进口料件按规定退税率计算税额并予扣减。

2. 退税率

根据国家税务总局《关于提高部分出口货物退税率的通知》、财政部国家税务总局《关于进一步提高部分货物出口退税率的通知》及财政部国家税务总局《关于调整出口货物退税率的通知》的规定，自 2004 年 1 月 1 日起，无论任何企业以何种贸易方式出口货物均按相关通知规定执行。为进一步简化税制、完善出口退税政策，对部分产品增值税出口退税率进行调整。

（1）将相纸胶卷、塑料制品、竹地板、草藤编织品、钢化安全玻璃、灯具等产品出口退税率提高至 16%。

（2）将润滑剂、航空器用轮胎、碳纤维、部分金属制品等产品出口退税率提高至 13%。

（3）将部分农产品、砖、瓦、玻璃纤维等产品出口退税率提高至 10%。

（4）取消豆粕出口退税。

豆粕是指产品编码为 23040010、23040090 的产品。

（5）除本通知第一、二条所涉产品外，其余出口产品，原出口退税率为 15% 的，出口退税率提高至 16%；原出口退税率为 9% 的，出口退税率提高至 10%；原出口退税率为 5% 的，出口退税率提高至 6%。

（注：具体货物的出口退税率应根据相应的海关税号核实）

3.“免、抵、退”税计算公式

以“进料加工”贸易方式进口料件加工复出口货物，计算“免、抵、退”税的基本公式如下。

当期不予抵扣或退税的税额 = 当期出口货物离岸价 × 外汇人民币牌价 ×（征税率 – 退税率）– 当期海关核销免税进口料件组成计税价格 ×（征税率 – 退税率）

当期应纳税额 = 当期内销货物的销项税额 –（当期全部进项税额 – 当期不予抵扣或退税的税额）– 上期未抵扣完的进项税额

当期应退税额 = 当期应纳税额的绝对值

当期应退税额 = 当期出口货物商岸份 × 外汇人民币牌价 × 退税率 – 当期进口料件免抵退税抵减额

结转下期继续抵扣的税额 = 当期应纳税额绝对值 – 当期应退税额

案例 1 某中外合资化工生产企业（一般纳税人），兼营出口业务与内销业务。2019 年 11 月、12 月发生以下业务。

（1）国内采购原材料，取得防伪税控系统开具的增值税专用发票上注明增值税额 15.45 万元，发票已经税务机关认证，材料已验收入库；支付购货运费 20 万元，并取得运输公司开具的普通发票；外购燃料取得防伪税控系统增值税专用发票，注明增值税额 25.5 万元，其中 20% 用于本企业基建工程；以外购原材料 80

万元委托某公司加工货物，支付加工费30万元，取得防伪税控系统开具的增值税专用发票上注明税款5.1万元，专用发票均经税务机关认证。当月从国内免税购入原材料10万元。

（2）内销货物不含税收入150万元，出口货物离岸价格90万元，支付销货运费4万元，取得运输企业开具的普通发票。

（3）进料加工免税进口料件到岸价格40万元，海关实征关税10万元。

（4）内销货物不含税收入100万元，出口货物离岸价140万元（出口货物原征税率为13%，退税率为10%）。

要求：（1）该企业11月出口退税额为多少？（2）该企业12月出口当月应纳税额多少？（3）该企业12月出口退税额为多少？

解答下如。

11月业务如下。

（1）进项税额合计=15.45+20×9%+25.5×（1−20%）+5.1+4×9%=43.11万。

（2）当月免抵退税不得免抵额抵减额=10×（13%−10%）=0.3万元。

当月免抵退税不得免抵额=100×（13%−10%）−0.3=2.7万元。

（3）当月应纳税额=150×13%−（43.11−2.7）−15=−35.91万元。

（4）当月免抵退税额=100×10%−10×10%=9万元。

（5）因为35.91>9，所以当月应退税额=9万元。

（6）当月免抵退额=当月免抵退税额一当月应退税=0。

（7）留抵下月继续抵扣的税额=35.91−9=26.91万元。

12月业务如下。

（1）免抵退税不得免抵税额的抵减额=（40+10）×（13%−10%）=1.5万元。

（2）当月免抵退税不得免征和抵扣税额=140×（13%−10%）−1.5=2.7万元。

（3）当月应纳税额=100×13%−（17−2.7）−16.83=−18.13万元。

（4）免抵退税额抵减额=（40+10）×10%=5万元。

（5）出口货物“免、抵、退”税额=140×10%−5=9万元。

（6）18.13>9，所以该企业当月应退税额=9万元。

（7）留抵下期继续抵扣的税额=18.13−9=9.13万元。

所以，11月出口退税额为9万元，12月出口当月应纳税额为18.13万元，应退税额为9万元。

案例2 某国际创客建立的自营出口生产企业是增值税一般纳税人，出口货物的税率为13%，退税税率为10%。2019年8月有关经营业务如下：购原材料一批，取得的增值税专用发票注明的价款200万元，外购货物准予抵扣进项税额26万元通过认证。当月进料加工免税进口料件的组成计税价格 100 万元。上期末留抵税款 5 万元。本月内销货物不含税销售额 100 万元。收款 117 万元存入银行。本月出口货物销售额折合人民币 200 万元。试计算该企业当期的"免、抵、退"税额。

（1）免抵退税不得免征和抵扣税额抵减额 = 免税进口料件的组成计税价格 ×（出口货物征税税率 - 出口货物退税税率）= 100 ×（13%-10%）=3（万元）

（2）免抵退税不得免征和抵扣税额 = 当期出口货物离岸价 × 外汇人民币牌价 ×（出口货物征税税率 - 出口货物退税税率）- 免抵退税不得免征和抵扣税额抵减额 = 200 ×（13%-10%）- 3=6 - 3=3（万元）。

（3）当期应纳税额 = 100 × 13% -（26-3）- 5=-15（万元）。

（4）免抵退税额抵减额 = 免税购进原材料 × 材料出口货的退税税率 = 100 × 10%=10（万元）。

（5）出口货物"免、抵、退"税额 = 200 × 10% - 10=10（万元）。

（6）按规定，如当期期末留抵税额当期免抵退税额时，当期应退税额 = 当期免抵退税额，即该企业应退税 10（万元）。

（7）当期免抵税额 = 当期免抵退税额 - 当期应退税额，当期该企业免抵税额 = 10 - 10=0（万元）。

（8）8 月期末留抵结转下期继续抵扣税额为 5（15 - 10）万元。

第四节　消费税

消费税是对规定的消费品或者消费行为征收的税种，现行的《中华人民共和国消费税暂行条例》是国务院于 1993 年 12 月 13 日发布，从 1994 年 1 月 1 日起施行，2008 年 11 月 5 日第 34 次常务会议修订通过，并于 2009 年 1 月 1 日起实施的。

一、税目和税率

消费税共设 16 个税目，分别采用比例税率、固定税额和复合税率，税率从最低 1% 至最高 56% 不等，一般在生产、进口和销售环节征收。

二、消费税的免税、减税和退税

（1）对纳税人出口应税消费品，免征消费税；国务院另有规定的除外（《中华人民共和国消费税暂行条例》）。

（2）生产企业自营出口和委托外贸企业代理出口的应税消费品，可以按照其实际出口数量和金额免征消费税。

（3）来料加工复出口的应税消费品，可以免征消费税。

（4）国家特准可以退还或者免征消费税的消费品如下：对外承包工程公司运出中国境外，用于对外承包项目的；企业在国内采购以后运出境外，作为境外投资的；利用中国政府的援外优惠贷款和援外合资合作项目基金方式出口的；对外补偿贸易、易货贸易、小额贸易出口的；外轮供应公司、远洋运输供应公司销售给外轮和远洋国轮，并收取外汇的；对外承接修理、修配业务的企业用于所承接的修理、修配业务的；保税区内的企业从保税区外有进出口经营权的企业购进应税消费品，用于出口或者加工以后出口的；经国务院批准设立，享有进出口经营权的中外合资商业企业收购自营出口的中国生产的应税消费品；外商投资企业省级外经贸主管部门批准收购应税消费品出口的；委托其他企业加工回收以后出口的应税消费品；外国驻华使馆、领事馆及其有关人员购买的列名的中国生产的应税消费品。

（5）外商投资企业以来料加工、进料加工贸易方式进口的应税消费品，可以免征进口环节的消费税。

（6）边境居民通过互市贸易进口规定范围以内的生活用品，每人每日价值人民币 8 000 元以下的部分，可以免征进口环节的消费税。

（7）外国政府、国际组织无偿赠送的进口物资，可以免征进口环节的消费税。

（8）成品油生产企业在生产成品油过程中作为燃料、动力和原料消耗的自产成品油，用外购和委托加工回收的已税汽油生产的乙醇汽油，利用废弃动植物油脂生产的纯生物柴油，可以免征消费税。

（9）航空煤油暂缓征收消费税。

（10）纳税人销售的应税消费品，由于质量等原因由购买者退回时，经机构所在地或居住地主管税务机关审核批准后，可以退还已经缴纳的消费税。

（11）自 2000 年 1 月 1 日起，对“汽车轮胎”税目中的子午线轮胎免征消费税，对翻新轮胎停止征收消费税，其余轮胎继续按 10% 税率征收消费税。2006 年财政部和国家税务总局将汽车轮胎的税率由 10% 调整为 3%。

案例：

甲公司有出口经营权（国际创客投资企业），2019 年 5 月发生如下经济业务。

（1）甲公司于 2019 年 5 月 5 日委托乙公司加工应税消费品，甲公司提供材料成本 6 000 元，加工费 2 500 元，消费税税率 3%，甲公司收货直接出口，其作价 11 000 元。

应税消费品的组成计税价格：

（6 000+2 500）/（1-3%）=8 762.89 元

乙公司代收代缴消费税：

8 762.89 × 3%=262.89 元

税务机关应退还委托加工环节缴纳的消费税 262.89 元。

（2）甲公司销售金银镶嵌首饰取得销售收入 365 827 元，耗用外购已税琥珀的购进价为 2 824 元，增值税进项税额 480.08 元，耗用外购合成宝石的购进价 24 350 元，增值税进项税额 5 805.50 元。

月度终了，该公司申报纳税时，税务机关认定其第 1 项经济业务的处理正确，第 2 项经济业务的计算错误。

本案例中的纳税人第 1 项经济业务处理正确，第 2 项经济业务计算错误的原因如下。

第一，根据税法，有出口经营权的生产性企业自营出口或生产企业委托外贸企业代理出口自产的应税消费品，依据其实际出口数量免征消费税，不予办理退还消费税。但该企业在委托加工生产环节没有免征消费税，所以应退还委托加工环节缴纳的消费税 262.89 元。该厂此项业务的处理是正确的。

第二，根据税法，纳税人用外购的已税珠宝玉石生产的改在零售环节征收消费税的金银首饰（镶嵌首饰），在计税时一律不得扣除外购珠宝玉石的已纳税款。该厂扣除了外购宝石的已纳税款，所以计算出的应纳消费税额是错误的。正确的计算方法如下。

应纳消费税额 =365 827 × 10%=36 582.70 元

第五节　关税

一、进出口关税规定

进口关税规定如下。

（1）对属于《外商投资产业指导目录（2017 年修改）》鼓励类的国际创客投资项目，在投资总额内进口的自用设备，除《国内投资项目不予免税的进口商品目录（2012 年修改）》所列商品外，免征关税和进口环节增值税。

（2）外国政府贷款和国际金融组织贷款项目进口的自用设备、加工贸易外商提供的不作价进口设备，比照上款执行。

（3）对符合上述规定的项目，按照合同随同设备进口的技术及配套件、备件，也免征关税和进口环节增值税。

出口关税规定：外商投资企业出口的自产产品，除限制出口商品或国家另有规定者外，免征出口关税。

保税相关规定如下：为履行产品出口合同所需进口的原材料、燃料、散件、零部件、元器件、配套件、辅料包装物料，由海关按保税货物进行监管。

二、关税的免减税规定

下列进出口货物、进出境物品可以免征或者减征免税。

（1）无商业价值的广告品和货样。

（2）外国政府、国际组织无偿赠送的物资。

（3）在海关放行以前遭受损坏或者损失的货物。

（4）规定数额以内的物品。

（5）法律规定免征、减征关税的其他货物、物品。

（6）中华人民共和国缔结或者参加的国际条约规定免征、减征关税的物品。

下列企业（项目）进口的规定的自用设备和按照合同随同设备进出口的技术及配套件、备件，可以免征关税。

（1）国家鼓励、支持发展的外商投资项目和国内投资项目在投资总额之内进口规定的自用设备，国家另有规定者除外。

（2）企业为生产《中国高新技术产品目录（2006）》中所列的产品而进口规定的自用设备和按照合同随同设备进口的技术及配套件、备件。

（3）软件企业进口的。

（4）已经设立的鼓励类和限制乙类外商投资企业、外商投资研究开发中心、先进技术型和产品出口型外商投资企业的技术改造，在批准的生产、经营范围以内，利用投资总额以外的自有资金进口的。

（5）外商投资设立的研究开发中心在投资总额以内进口的。

（6）符合中西部省、自治区、直辖市利用外资优势产业和优势项目目录的项目，在投资总额以内进口的（在投资总额以外利用自有资金进口者也可以享受一定的税收优惠）。

案例：

某合资企业 2019 年年初，向海关报关后将一台价格 85 万元的机器运往境外修理，机器修复后在规定期限内复运进境。该机器的关税税率是 8%，支付的修理费和料件费是 40 万元（经海关审查确定），其他入境前的运保费合计 10 万元，该公司应当如何缴纳关税？

解答：

（40+10）万元 ×8%=4 万元

分析：

运往境外修理的机器器具、运输工具或其他货物，出境时已向海关报明，并在海关规定期限内复运进境的，应当以海关审定的境外修理费和料件费及该货物复运进境的运输及其相关费用、保险费估定完税价格。

第六节　个人所得税

一、纳税主体

在中国境内无住所，但是在一个纳税年度中在中国境内连续或者累计居住不超过 90 日或在税收协定的期间在中国境内连续或累计居住超过 183 天的个人，仅就来源于中国境内企业或个人雇主支付或负担的所得缴纳个人所得税，其他所得免征个人所得税。

在中国境内无住所而在一个纳税年度中在中国境内连续或累计居住超过 90 天或在税收协定的期间在中国境内连续或累计居住超过 183 天但不满 1 年的纳税人，实际在中国境内工作期间取得的由中国境内企业或个人雇主支付或负担的和由境外企业或个人雇主支付的工资薪金所得，均应申报缴纳个人所得税，其在中国境外工作期间取得的工资薪金所得，除担任中国境内企业董事或高级管理职务的个人，不予征收个人所得税。

在中国境内无住所但在境内居住满 1 年而不超过 5 年的个人，其在中国境内工作期间取得的由中国境内企业或个人雇主支付或负担的和由境外企业或个人雇主支付的工资薪金所得，均应申报缴纳个人所得税；来源于境外的所得，由中国境内公司企业及其他经济组织或者个人支付或负担的部分缴纳个人所得税。居住超过 5 年的个人，从第 6 年起，应当就其来源于中国境外的全部所得缴纳个人所得税。

二、应纳税的个人所得范围

工资、薪金所得，劳务报酬所得，稿酬所得，特许权使用费所得，经营所得，利息、股息、红利所得，财产租赁所得，财产转让所得，偶然所得，以及财政部确定征税的其他所得。

在中国境内工作、提供劳务的外籍人员，在1个公历年度中连续累计在中国境内居住不超过90天（有税收协定国家的不超过183天）的，从中国境外雇主取得的工资、薪金所得，免征个人所得税。

三、个人所得税税率

个人所得税根据不同的征税项目，分别规定了三种不同的税率。

（一）7级超额累进税率

综合所得（工资、薪金所得，劳务报酬所得，稿酬所得，特许权使用费所得），适用7级超额累进税率，按月应纳税所得额计算征税。该税率按个人月工资、薪金应税所得额划分级距，最高一级为45%，最低一级为3%，共7级。

（二）5级超额累进税率

经营所得适用5级超额累进税率。适用按年计算、分月预缴税款的个体工商户的生产、经营所得和对企事业单位的承包经营、承租经营的全年应纳税所得额划分级距，最低一级为5%，最高一级为35%，共5级。

（三）比例税率

对个人的利息、股息、红利所得，财产租赁所得，财产转让所得，偶然所得和其他所得，按次计算征收个人所得税，适用20%的比例税率。

四、个人所得税免征项目

（1）省级人民政府、国务院部委，中国人民解放军军以上单位，以及外国组织颁发的科学、教育、技术、文化、卫生、体育、环境保护等方面的奖金。

（2）国债和国家发行的金融债券利息。

（3）按照国家统一规定发给的补贴、津贴。

（4）福利费、抚恤金、救济金。

（5）保险赔款。

（6）军人的转业费、复员费、退役金。

（7）按照国家统一规定发给干部、职工的安家费、退职费、基本养老金或者退休费、离休费、离休生活补助费。

（8）依照有关法律规定应予免税的各国驻华使馆、领事馆的外交代表、领事官员和其他人员的所得。

（9）中国政府参加的国际公约、签订的协议中规定免税的所得。

（10）国务院规定的其他免税所得。

五、个人所得税计算方法

个人所得税计算方法如下。

应纳税所得额 = 月度收入 –5 000 元（起征点）– 专项扣除（三险一金等）– 专项附加扣除 – 依法确定的其他扣除

应纳税额 = 应纳税所得额 × 税率 – 速算扣除数

案例 1：某美国籍来华人员已在中国境内居住 8 年。2019 年 10 月取得美国一家公司净支付的薪金所得 28 000 元（折合成人民币，下同），已被扣缴所得税 1 600 元。同月还从加拿大取得净股息所得 12 000 元，已被扣缴所得税 2 200 元。经核查，境外完税凭证无误。该纳税人境外所得在我国境内应补缴个人所得税是多少？

解答：该纳税人上述来源于两国的所得应分国计算抵免限额。

（1）来自美国所得的抵免限额 =（28 000 – 5 000）× 20% – 1 410=3 190 元。

（2）来自加拿大所得的抵免限额 =12 000 × 20%=2 400 元。

（3）由于该纳税人在美国和加拿大已被扣缴的所得税额均不超过各自计算的抵免限额，故来自美国和加拿大所得的抵免额分别为 1 600 元和 2 200 元，可全额抵扣，并须在中国补缴税款。

（4）应补缴个人所得税 =（3 190–1 600）+（2 400–2 200）=1 790 元。

案例 2：中国公民王某是中国境内国际创客投资企业的高级职员，2019 年的收入情况如下：

（1）雇佣单位每月支付工资、薪金 14 000 元；

（2）派遣单位每月支付工资、薪金 1 500 元；

（3）从国外一次取得特许权使用费折合人民币 20 000 元，并提供了来源国的纳税凭证，纳税折合人民币 3 500 元；

（4）参加国内某市举办的工程设计大赛，获奖一次取得奖金收入为 12 000 元。

王某对 2019 年度应纳个人所得税如何进行申报纳税？

解答：

（1）在国际创客投资企业、外国企业和外国驻华机构工作的中方人员取得的工资、薪金收入，凡是由雇佣单位和派遣单位分别支付的，应由支付单位代扣代缴个人所得税。对雇佣单位和派遣单位分别支付工资、薪金的，采取只由雇佣单位在支付工资薪金时，按规定减除费用，派遣单位支付的工资、薪金不再减除费用，以支付全额直接确定适用税率。王某工资、薪金所得汇算清缴应纳税额为：

[（14 000+1 500−5 000）×10%−210]×12=10 080 元

（2）在中国境内有住所，或无住所而在境内居住满一年的个人，从中国境内和境外取得的所得，应缴纳个人所得税。由此，可以判定中国公民王某为负有无限纳税义务的居民纳税人，应就其来源于境内和境外的所得缴纳个人所得税。因此，王某从境外取得的特许权使用费所得应当缴纳个人所得税。同时，纳税义务人从境外取得的所得，准予其在应纳税额中扣除已在境外缴纳的个人所得税税额。但扣除不得超过该纳税义务人境外所得依照我国税法规定计算的应纳税额（抵免限额）。超过抵免限额的境外已纳税款，可以在以后 5 个纳税年度内，用该国或地区抵免限额的余额补扣。

王某从境外取得的特许权使用费应纳个人所得税计算如下：

抵免限额 =20 000×（1 － 20%）×20%=3 200 元

王某在境外实际缴纳 3 500 元，超过抵免限额，因此王某不需要缴纳个人所得税。未足额抵扣的 300 元（3 500 － 3 200），可在以后 5 个纳税年度内以该国抵免限额的余额补扣。

（3）个人因得奖、中奖、中彩及其他偶然性质取得的所得，应纳个人所得税。王某参赛获奖属偶然所得，不属于劳务报酬所得，应按偶然所得的计税方法计算应纳个人所得税：12 000×20%=2 400 元。

综合以上王某在 2019 年取得的各项所得，王某实际应缴纳个人所得税为：

10 080+2 400=12 480 元

第四章　知识产权

知识产权通常包括著作权、商标权和专利权，此外字号、域名、非专利技术、技术秘密、商业秘密、动植物新品种、集成电路图设计等也已纳入知识产权保护领域。

著作权包括发表权、署名权、修改权、保护作品完整权、复制权、发行权、出租权、展览权、表演权、广播权、信息网络传播权、摄制权、改编权、翻译权、汇编权及应当由著作权人享有的其他权利等 17 项权利。著作权的保护期限为作者有生之年加死后 50 年。

在我国，受《中华人民共和国著作权法》保护的作品包括以下形式创作的文字、艺术和自然科学、社会科学、工程技术等作品：文字作品；口述作品；音乐、戏剧、曲艺、舞蹈、杂技艺术作品；美术、建筑品；摄影作品；电影作品和以类似摄制电影的方法创作的作品；工程设计图、产品设计图、地图、示意图等图形作品和模型作品；计算机软件；法律、行政法规规定的其他作品。

不受《中华人民共和国著作权法》保护的有法律、法规，国家机关的决议、决定、命令和其他具有立法、行政、司法性质的文件，以及其官方正式译文；时事新闻；历法、通用表格和公式。

商标包括注册商标和未注册商标，通常所讲商标均指注册商标。目前，我国只对人用药品和烟草制品实行强制注册。注册商标包括商品商标、服务商标、集体商标、证明商标。文字、图形、字母、数字、三维标志和颜色组合，以及上述要素的组合，均可以作为商标申请注册。注册商标的有效期为 10 年，可以申请续展，每次续展注册的有效期也为 10 年。商标注册申请人必须是依法成立的企业、事业单位、社会团体、个体工商户、个人合伙、符合《中华人民共和国商标法》第十七条规定的外国人或者外国企业。

专利包括发明专利、实用新型专利和外观设计专利，授予专利权的发明和实用新型，应当具备新颖性、创造性和适用性；授予专利权的外观设计，应当不属于现有设计，也没有任何单位或个人就同样的外观设计在申请日以前向国务院专利行政部门提出过申请，并记载在申请日以后公告的专利文件中，不得与他人在申请日以前已经取得的合法权利冲突。对下列各项，不授予专利权：科学发现；智力活动的规则和方法；疾病的诊断和治疗方法；动物和植物品种，但生产方法除外；用原子核变换方法获得的物质；对平面印刷品的图案、色彩或者二者的结合制作出的主要起标识作用的设计。发明专利权的期限为20年，实用新型专利权和外观设计专利权的期限为10年，均自申请日起计算。

第一节　著作权

一、著作权概述

著作权是指著作权人对文学、艺术和科学工程作品所享有的各项专有权利。它是自然人、法人或者其他组织对文学、艺术或科学作品依法享有的财产权利和人身权利的总称。著作权是个体财产权，是基于人类智慧所产生的权利，是知识产权的一种。

我国实行著作权自愿登记制度，著作权人可以依法就计算机软件、各类作品、著作权合同向中国版权保护中心申请著作权登记，取得国家版权局颁发的著作权登记证书或著作权合同登记证书。

（一）著作权产生的时间

中国公民、法人或其他组织的作品，无论是否发表、是否登记，其著作权均自创作完成之日产生。外国人、无国籍人的作品，首先在中国境内出版的，其著作权自在中国境内出版之日起受中国法律保护。

（二）外国人、无国籍人的作品在我国的法律保护

（1）外国人、无国籍人的作品首先在中国境内出版的，其著作权受我国法律保护。

（2）外国人、无国籍人的作品根据其作者所属国或者经常居住地国同中国签订的协议或者共同参加的国际条约享有的著作权，受我国法律保护。

（3）未与中国签订协议或者共同参加国际条约的国家的作者及无国籍人的作品首次在中国参加的国际条约的成员国出版的，或者在成员国和非成员国同时出

版的，受我国法律保护。

（三）著作权的归属

（1）由公民个人创作完成的作品，创作作品的公民是作者，该公民对作品有著作权。

（2）由法人或者其他组织主持，代表法人或者其他组织意志创作，并由法人或者其他组织承担责任的作品，法人或者其他组织视为作者。该法人或其他组织对作品享有著作权。如无相反证明，在作品上署名的公民、法人或者其他组织为作者。

（3）两人以上合作创作的作品，著作权由合作作者共同享有。合作作品可以分割使用的，作者对各自创作的部分可以单独享有著作权。

（4）改编、翻译、注释、整理已有作品而产生的作品，其著作权由改编、翻译、注释、整理人享有。

（5）汇编若干作品、作品的片段或者不构成作品的数据或者其他材料，对其内容的选择或者编排体现独创性的作品，为汇编作品，其著作权由汇编人享有。

（6）电影作品和以类似摄制电影的方法创作的作品的著作权由制片者享有，但编剧、导演、摄影、作词、作曲等作者享有署名权，剧本、音乐等可以单独使用的作品的作者有权单独行使其著作权。

（7）受委托创作的作品，著作权的归属由委托人和受托人通过合同约定。合同未作明确约定或者没有订立合同的，著作权属于受托人。

（8）公民为完成法人或者其他组织工作任务所创作的作品是职务作品，著作权由作者享有。但具备下列情形之一的，作者享有署名权，著作权的其他权利由法人或者其他组织享有：①主要是利用法人或者其他组织的物质技术条件创作，并由法人或者其他组织承担责任的工程设计图、产品设计图、地图、计算机软件等职务作品；②法律、行政法规规定或者合同约定著作权由法人或者其他组织享有的职务作品。

（9）美术等作品原件所有权的转移，不视为作品著作权的转移，但美术作品原件的展览权由原件所有人享有。

（10）作者身份不明的作品，由作品原件的所有人行使除署名权以外的著作权。

二、著作权登记

办理著作权登记所需提交的文件如下。

（1）申请书。

（2）作品说明书。

（3）营业执照原件、复印件。

（4）委托书。

（5）被委托人的身份证、工作证。

（6）作者的身份证、工作证。

（7）作者对版权的说明。

（8）作品原件和复印件。

三、计算机软件著作权登记手续

须提交的文件如下。

（1）计算机软件著作权申请表 2 份。

（2）软件说明书 2 份。

（3）申请者身份证明：①法人单位证明：营业执照副本、复印件；②个人申请者：身份证影印件。

（4）源程序 2 份，正面。按前、中、后各连续 20 页，共 60 页（不足 60 页全部提交）。第 60 页为模块结束页，每页不少于 50 行（结束页除外），在页的左侧留出装订线，右上角打印或标注页号 1 ～ 60。

（5）文档（如用户手册、操作手册、设计说明书、使用说明书等）2 份，正面。按前、中、后各连续 20 页，共 60 页（不足 60 页全部提交）。第 60 页为文档结束页，每页不少于 30 行（结束页除外），在页的左侧留出装订线，右上角打印或标注页号 1 ～ 60。

若希望多提交文档，每多提交一种文档需增加文档费 80 元。

审批时间：120 天。

四、侵犯著作权的民事、刑事责任

（一）民事侵权责任

（1）根据《中华人民共和国著作权法》，有下列侵犯著作权的行为，根据情况，应当承担停止侵害、消除影响、赔礼道歉、赔偿损失等民事责任。

①未经著作权人许可，发表其作品的；②未经合作作者许可，将与他人合作创作的作品当作自己单独创作的作品发表的；③没有参加创作，为谋取个人名利，在他人作品上署名的；④歪曲、篡改他人作品的；⑤剽窃他人作品的；⑥未经著

作权人许可，以展览、摄制电影和以类似摄制电影的方法使用作品，或者以改编、翻译、注释等方式使用作品的，本法另有规定的除外；⑦使用他人作品，应当支付报酬而未支付的；⑧未经电影作品和以类似摄制电影的方法创作的作品、计算机软件、录音录像制品的著作权人或者与著作权有关的权利人许可，出租其作品或者录音录像制品的，本法另有规定的除外；⑨未经出版者许可，使用其出版的图书、期刊的版式设计的；⑩未经表演者许可，从现场直播或者公开传送其现场表演，或者录制其表演的；⑪其他侵犯著作权及与著作权有关的权益的行为。

（2）侵犯著作权赔偿损失的范围及计算方法。侵犯著作权或者与著作权有关的权利的，侵权人应当按照权利人的实际损失给予赔偿；实际损失难以计算的，可以按照侵权人的违法所得给予赔偿。赔偿数额还应当包括权利人为制止侵权行为所支付的合理开支。

权利人的实际损失或者侵权人的违法所得不能确定的，由人民法院根据侵权行为的情节，判决给予50万元以下的赔偿。

（3）侵犯著作权的诉前保全措施。著作权人或者与著作权有关的权利人有证据证明他人正在实施或者即将实施侵犯其权利的行为，如不及时制止将会使其合法权益受到难以弥补的损害的，可以在起诉前向人民法院申请采取责令停止有关行为和财产保全的措施。

人民法院处理前款申请，适用《中华人民共和国民事诉讼法》第九十三条至第九十六条和第九十九条的规定。

为制止侵权行为，在证据可能消失或者以后难以取得的情况下，著作权人或者与著作权有关的权利人可以在起诉前向人民法院申请保全证据。人民法院接受申请后，必须在48小时内作出裁定；裁定采取保全措施的，应当立即开始执行。

人民法院可以责令申请人提供担保，申请人不提供担保的，驳回申请。申请人在人民法院采取保全措施后15日内不起诉的，人民法院应当解除保全措施。

（二）刑事责任

根据《中华人民共和国刑法》，以营利为目的，有下列侵犯著作权情形之一，违法所得数额较大或者有其他严重情节的，处三年以下有期徒刑或者拘役，并处或者单处罚金；违法所得数额巨大或者有其他特别严重情节的，处三年以上七年以下有期徒刑，并处罚金。

（1）未经著作权人许可，复制发行其文字作品、音乐、电影、电视、录像作品，计算机软件及其他作品的。

（2）出版他人享有专有出版权的图书的。

（3）未经录音录像制作者许可，复制发行其制作的录音录像的。

（4）制作、出售假冒他人署名的美术作品的。

（5）以营利为目的，销售明知是《中华人民共和国刑法》第二百一十七条规定的侵权复制品，违法所得数额巨大的，处三年以下有期徒刑或者拘役，并处或者单处罚金。

第二节　专利权

一、申请专利的办理手续

（一）申请发明、实用新型专利的办理手续

委托申请发明、实用新型专利的，按照下述要求办理有关委托手续。

（1）填写《申请专利指令函》或提供申请人的姓名或名称（全称）、地址、邮编；设计人的姓名、地址、邮编；办理该发明或实用新型联系人的电话、传真、联系地址。

（2）填写《专利代理委托书》。

（3）委托人应该提供以下专利申请文件：①说明书——应当对发明做出清楚、完整的说明，以所属技术领域的技术人员能够实现为准；②权利要求书应当以说明书为依据，说明要求专利保护的范围；③说明书摘要——应当简要说明发明的技术要点；④说明书附图（申请实用新型的，必须有说明书附图）——用图形补充说明书文字部分的描述，使人能够直观和形象地理解发明的每个技术特征和整体技术方案；⑤摘要附图——最能说明该发明或实用新型的一幅附图。

（4）如委托人不能按上述第（3）条要求提供专利申请文件的，需提交一份技术交底书，技术交底书按下述 8 个部分撰写：①发明名称——应当简短、准确地表明发明的技术主题，字数在 25 个字以内；②技术领域——本发明创造所属或直接应用的技术领域；③现有技术——写明对本发明创造的理解检索、审查有用的背景技术，客观地指出现有技术的问题和缺点，为本发明创造的目的提出奠定基础；④目的——用正面、简洁的语言描述本发明创造所要解决的具体课题；⑤技术方案及发明要点——清楚完整地说明为了解决现有技术中存在的问题或完成本发明的任务而采取的所有新的技术手段和措施；⑥有益效果——本发明创造与现有技术相比，所具有的优点和积极效果；⑦附图及其简要说明——包括示意图、

流程图、框架图和电路图等；⑧实施案例——一个或多个实施本发明创造的最佳实施方案。

（二）申请外观设计专利的办理手续

委托办理外观设计专利申请的，按照下述要求办理有关委托手续。

（1）填写《申请专利指令函》或提供申请人的姓名或名称（全称）地址、邮编，设计人的姓名、地址、邮编，办理该外观设计联系人的电话、传真、联系、地址。

（2）填写《专利代理委托书》。

（3）提供该外观设计图片或照片（一式 3 份）：①图片或照片是指该外观设计产品的 6 面正投影视图（主视图、后视图、左视图、右视图、俯视图、仰视图）和立体图，如果视图是对称的，可以省略一幅视图，但需要用文字说明；② 上述图片或照片中的视图尺寸比例要一致，图片或照片的尺寸大小应当在 3 厘米 ×8 厘米与 15 厘米 ×22 厘米之间；③图片或照片的背景应是单色，该背景不得有与本外观设计无关的其他物品或图案；④要求保护色彩的外观设计，要提交彩色图片或照片。

另外，《中华人民共和国专利法》第二十条规定：“任何单位或者个人将在中国完成的发明或者实用新型向外国申请专利的，应当事先报经国务院专利行政部门进行保密审查。保密审查的程序、期限等按照国务院的规定执行。”

二、专利权的法律保护

（一）专利权的行政保护

（1）责令停止侵权，给予行政处罚并申请法院对处罚强制执行。《中华人民共和国专利法》规定：未经专利权人许可，实施其专利，即侵犯其专利权，引起纠纷的，由当事人协商解决；不愿协商或者协商不成的，专利权人或者利害关系人可以向人民法院起诉，也可以请求管理专利工作的部门处理。管理专利工作的部门处理时，认定侵权行为成立的，可以责令侵权人立即停止侵权行为，当事人不服的，可以自收到处理通知之日起十五日内按照《中华人民共和国行政诉讼法》向人民法院起诉；侵权人期满不起诉又不停止侵权行为的，管理专利工作的部门可以申请人民法院强制执行。进行处理的管理专利工作的部门应当事人的请求，可以就侵犯专利权的赔偿数额进行调解；调解不成的，当事人可以依照《中华人民共和国民事诉讼法》向人民法院起诉。”

（2）没收违法所得，并处罚款。《中华人民共和国专利法》规定："假冒专利的，除依法承担民事责任外，由管理专利工作的部门责令改正并予公告，没收违法所得，可以并处违法所得四倍以下的罚款；没有违法所得的，可以处二十万元以下的罚款。"

（二）专利权的司法保护

1. 专利证据保全制度

《中华人民共和国专利法》未对诉前证据保全做规定，但最高人民法院有关司法解释规定人民法院在实施临时禁令时可以根据申请人的申请同时进行证据保全。因此，专利诉前可以进行证据保全，但应当与临时禁令一并适用。

2. 诉前禁令

诉前禁令是指商标注册人、专利权人或者利害关系人有证据证明他人正在实施或者即将实施侵犯其注册商标专用权、专利权的行为，如不及时制止，将会使其合法权益受到难以弥补的损害的，可以在起诉前向人民法院申请采取责令停止有关行为和财产保全的措施。

根据《最高人民法院关于诉前停止侵犯注册商标专用权行为和保全证据适用法律问题的解释》，诉前禁令应当向有管辖权的人民法院提出。申请时应当提供担保，申请人提供保证、抵押等形式的担保合理、有效的，人民法院应当准许。人民法院接受权利人或者利害关系人提出责令停止侵犯专利权行为的申请后，经审查符合该规定第四条的，应当在四十八小时内作出书面裁定；裁定责令被申请人停止侵权行为的，应当立即开始执行。

3. 损害赔偿

侵权人应当赔偿专利权利人因侵权所受到的损失，或者侵权人因侵权行为而获得的利润。具体计算如下：权利人因被侵权所受到的损失可以根据专利权人的专利产品因侵权所造成销售量减少的总数乘以每件专利产品的合理利润所得之积来计算。权利人销售量减少的总数难以确定的，侵权产品在市场上销售的总数乘以每件专利产品的合理利润所得之积可以视为权利人因被侵权所受到的损失。

侵权人因侵权所获得的利益可以根据该侵权产品在市场上销售的总数乘以每件侵权产品的合理利润所得之积来计算。侵权人因侵权所获得的利益一般按照侵权人的营业利润来计算，对于完全以侵权为业的侵权人，可以按照销售利润来计算。

赔偿损失难以计算的，可以参照专利许可使用费计算损失，或者赔偿人民币5 000 ～ 300 000 元，最多不超过人民币 500 000 元。

《最高人民法院关于审理专利纠纷案件适用法律问题的若干规定》定规："权利人的损失或者侵权人获得的利益难以确定，有专利许可使用费可以参照的，人民法院可以根据专利权的类型、侵权行为的性质和情节、专利许可的性质、范围、时间等因素，参照该专利许可使用费的倍数合理确定赔偿数额；没有专利许可使用费可以参照或者专利许可使用费明显不合理的，人民法院可以根据专利权的类型、侵权行为的性质和情节等因素，依照专利法第六十五条第二款的规定确定赔偿数额。"

4. 侵权调查费、制止侵权的合理费用

人民法院根据权利人的请求及具体案情，可以将权利人因调查、制止侵权所支付的合理费用计算在赔偿数额范围之内。

5. 侵犯专利权的刑事责任

对于以下构成犯罪的行为，应当根据《中华人民共和国专利法》和《中华人民共和国刑法》的有关规定追究刑事责任。

（1）假冒他人专利罪。假冒他人专利，情节严重的，对直接责任人员比照《中华人民共和国刑法》第二百一十六条的规定，以假冒专利罪处罚：假冒他人专利，情节严重的，处三年以下有期徒刑或者拘役，并处或者单处罚金。

（2）泄露国家秘密罪。违反《中华人民共和国专利法》第二十条规定，擅自向外国申请专利，泄露国家重要机密，情节严重的，依照《中华人民共和国刑法》第三百九十八条的规定，以泄露国家秘密罪处罚。

第三节　商标权

一、商标注册申请

（一）申请前查询

（1）查询目的：提高商标注册的成功率。

（2）查询费用：①英文商标查询费用：300 元 / 每件；②中文商标查询费用：200 元 / 每件。

（二）商标注册申请

（1）应提交的文件：①《商标注册申请书》1 份，由申请人盖章；②《商标代理委托书》2 份，由申请人盖章；③申请人营业执照复印件；④申请人（自然人）身份证复印件；⑤商标图样 10 份。

（2）申请费用。①商标规费：参考地方价格标准（10 个商品内）；②代理费（地方指导价）：参考地方价格标准。

（三）商标注册流程及时间（大约 16 个月）

（1）形式审查。

（2）实质审查：①可能的补正、驳回；②公告（注册申请后 12 个月左右）；③异议（初审公告之日起 3 个月内）；④注册（初审公告后 3 个月）；⑤商标注册有效期：10 年。

二、商标转让申请

（一）应提交的文件

《商标转让申请书》2 份，由转受双方盖章；《商标代理委托书》2 份，由受让方盖章；受让方《营业执照》复印件；《商标注册证》复印件；申请人（自然人）身份证复印件。

（二）转让费用

（1）商标规费：参考地方价格标准。

（2）代理费（地方指导价）：参考地方价格标准。

三、注册商标变更注册人名义 / 地址申请

（一）应提交的文件

《变更商标注册人名义申请书》1 份，由申请人盖章；《变更商标注册人地址申请书》1 份，由申请人盖章；《变更商标注册人名义 / 地址申请书》1 份，由申请人

盖章;《商标代理委托书》2 份，由申请人盖章;《商标注册证》复印件 1 份；变更证明 1 份：由县级以上工商行政管理机关出具。

（二）变更费用

（1）商标规费：500 元。

（2）代理费（地方指导价）：参考地方价格标准。

四、商标续展申请

（一）应提交的文件

《商标续展注册申请书》2 份，由申请人盖章;《商标代理委托书》2 份，由申请人盖章;《商标注册证》复印件 1 份；申请人营业执照复印件 1 份。

（二）续展费用

（1）商标规费：参考地方价格标准。

（2）代理费（地方指导价）：参考地方价格标准。

五、商标异议

（一）应提交的文件

《商标异议申请书》1 份，由申请人盖章;《商标代理委托书》2 份，由申请人盖章；被异议商标公告复印件 1 份。

（二）异议费用

（1）商标规费：参考地方价格标准。

（2）代理费（基础价）：参考地方价格标准。

六、商标驳回复审

（一）应提交的文件

《商标复审申请书》1 份，由申请人盖章;《商标代理委托书》2 份，由申请人盖章；国家知识产权局商标局驳回通知复印件 1 份。

（二）商标驳回复审费用

（1）评审委费用：参考地方价格标准。
（2）代理费（基础价）：参考地方价格标准。

七、驰名商标申请

（一）申请人及申请商标资格

申请人应具备中国国籍；申请商标是经过国家知识产权局商标局核准注册的商标。

（二）申请驰名商标步骤

申请步骤为企业（委托或自行）上报—省级市场监督管理部门上报—国家市场监督管理总局商标局评审。

（三）申请驰名商标应提交的文件

企业《营业执照》副本；《商标注册证》；使用商标的商品在中国的销售量及销售区域；使用该商标的商品近 3 年来的主要经济指标（年产量、销售额、利润、市场占有率等）及其在中国同行业中的排名；使用该商标的商品在外国（地区）的销售最多的销售区域；该商标的广告发布情况；该商标最早使用及连续使用的时间；该商标在中国及外国（地区）的注册情况；该商标驰名的其他证明文件。

八、商标权的法律保护

（一）商标侵权的认定

（1）根据《中华人民共和国商标法》，侵犯商标专用权的行为包括以下情形：①未经商标注册人的许可，在同一种商品上使用与其注册商标相同的商标的；②销售侵犯注册商标专用权的商品的；③伪造、擅自制造他人注册商标标识或者销售伪造、擅自制造的注册商标标识的；④未经商标注册人同意，更换其注册商标并将该更换商标的商品又投入市场的；⑤给他人的注册商标专用权造成其他损害的。

（2）《最高人民法院关于审理商标民事纠纷案件适用法律若干问题的解释》

（以下简称“司法解释”）第 9 条规定：“商标法第五十二条第（一）项规定的商标相同，是指被控侵权的商标与原告的注册商标相比较，二者在视觉上基本无差别。

“商标法第五十二条第（一）项规定的商标近似，是指被控侵权的商标与原告的注册商标相比较，其文字的字形、读音、含义或者图形的构图及颜色，或者其各要素组合后的整体结构相似，或者其立体形状、颜色组合近似，易使相关公众对商品的来源产生误认或者认为其来源与原告注册商标的商品有特定的联系。”

（3）司法解释第十条规定：“人民法院依据商标法第五十二条第（一）项的规定，认定商标相同或者近似按照以下原则进行：（一）以相关公众的一般注意力为标准；（二）既要进行对商标的整体比对，又要进行对商标主要部分的比对，比对应当在比对对象隔离的状态下分别进行；（三）判断商标是否近似，应当考虑请求保护注册商标的显著性和知名度。”

（二）商标侵权案件的管辖规定

商标侵权纠纷案件的诉讼管辖分为级别管辖和地域管辖。关于级别管辖，最高人民法院于 2002 年 1 月发布的《最高人民法院关于审理商标案件有关管辖和法律适用范围问题的解释》第二条第三款和第四款作了明确规定。商标民事纠纷案件，由中级以上人民法院管辖。各高级人民法院根据本辖区的实际情况，经最高人民法院批准，可以在较大城市确定 1 ～ 2 个基层人民法院受理第一审商标民事纠纷案件。目前，全国 400 余个中级人民法院都可以依法受理商标民事纠纷案件。由于级别管辖的规定明确具体，实践中一般不会因级别管辖发生争议。但商标侵权纠纷案件的地域管辖常常成为诉讼管辖权争议的焦点。

（三）商标侵权的损害赔偿标准

《商标法》第六十三条：侵犯商标专用权的赔偿数额，按照权利人因被侵权所受到的实际损失确定；实际损失难以确定的，可以按照侵权人因侵权所获得的利益确定；权利人的损失或者侵权人获得的利益难以确定的，参照该商标许可使用费的倍数合理确定。对恶意侵犯商标专用权，情节严重的，可以在按照上述方法确定数额的一倍以上五倍以下确定赔偿数额。赔偿数额应当包括权利人为制止侵权行为所支付的合理开支。

人民法院为确定赔偿数额，在权利人已经尽力举证，而与侵权行为相关的账簿、资料主要由侵权人掌握的情况下，可以责令侵权人提供与侵权行为相关的账簿、资料；侵权人不提供或者提供虚假的账簿、资料的，人民法院可以参考权利人的主张和提供的证据判定赔偿数额。

权利人因被侵权所受到的实际损失、侵权人因侵权所获得的利益、注册商标许可使用费难以确定的，由人民法院根据侵权行为的情节判决给予五百万元以下的赔偿。

《商标法》第六十四条：注册商标专用权人请求赔偿，被控侵权人以注册商标专用权人未使用注册商标提出抗辩的，人民法院可以要求注册商标专用权人提供此前三年内实际使用该注册商标的证据。注册商标专用权人不能证明此前三年内实际使用过该注册商标，也不能证明因侵权行为受到其他损失的，被控侵权人不承担赔偿责任。

销售不知道是侵犯注册商标专用权的商品，能证明该商品是自己合法取得并说明提供者的，不承担赔偿责任。

（四）《中华人民共和国刑法》关于侵犯商标权犯罪的规定

《中华人民共和国刑法》第二百一十三条：“未经注册商标所有人许可，在同一种商品上使用与其注册商标相同的商标，情节严重的，处三年以下有期徒刑或者拘役，并处或者单处罚金；情节特别严重的，处三年以上七年以下有期徒刑，并处罚金。”

《中华人民共和国刑法》第二百一十四条：“销售明知是假冒注册商标的商品，销售金额数额较大的，处三年以下有期徒刑或者拘役，并处或者单处罚金；销售金额数额巨大的，处三年以上七年以下有期徒刑，并处罚金。”

《中华人民共和国刑法》第二百一十五条：“伪造、擅自制造他人注册商标标识或者销售伪造、擅自制造的注册商标标识，情节严重的，处三年以下有期徒刑、拘役或者管制，并处或者单处罚金；情节特别严重的，处三年以上七年以下有期徒刑，并处罚金。”

第四节　关于商标优先权、专利优先权的规定

一、商标优先权的行使

《商标法》第二十五条：“商标注册申请人自其商标在外国第一次提出商标注册申请之日起六个月内，又在中国就相同商品以同一商标提出商标注册申请的，依照该外国同中国签订的协议或者共同参加的国际条约，或者按照相互承认优先

权的原则，可以享有优先权。”

“依照前款要求优先权的，应当在提出商标注册申请的时候提出书面声明，并且在三个月内提交第一次提出的商标注册申请文件的副本；未提出书面声明或者逾期未提交商标注册申请文件副本的，视为未要求优先权。”

《商标法》第二十六条：“商标在中国政府主办的或者承认的国际展览会展出的商品上首次使用的，自该商品展出之日起六个月内，该商标的注册申请人可以享有优先权。”

“依照前款要求优先权的，应当在提出商标注册申请的时候提出书面声明，并且在三个月内提交展出其商品的展览会名称、在展出商品上使用该商标的证据、展出日期等证明文件；未提出书面声明或者逾期未提交证明文件的，视为未要求优先权。”

二、专利优先权的行使

优先权分为外国优先权和本国优先权。所谓外国优先权是指申请人自发明或者实用新型在外国第一次提出专利申请之日起 12 个月内，或者自外观设计在外国第一次提出专利申请之日起 6 个月内，又在中国就相同主题提出专利申请的，依照该外国同中国签订的协议或者共同参加的国际条约，或者依照相互承认优先权的原则，可以享有优先权，即以其在外国第一次提出申请之日为申请日。其原则同样适应于我国申请人向外国提出专利申请。所谓本国优先权是指申请人自发明或者实用新型在中国第一次提出专利申请之日起 12 个月内，又向专利局就相同主题再次提出专利申请的，可以享有优先权。外观设计不享有本国优先权。

申请人要求优先权的，应当在申请的时候提出书面声明，写明先申请的申请日、申请号和受理该申请的国家。如果在先申请是地区申请或者国际申请，还应当写明受理申请的国家专利局或者政府间组织的名称。申请人要求外国优先权的，应当提交经受理申请的国家的受理机关证明的在先申请文件副本；申请人要求本国优先权的，按规定应当提交专利局证明的在先申请文件副本。申请时未提出要求优先权的书面声明，或者在 3 个月内未提交在外国第一次提出专利申请文件的副本的，视为未要求优先权。

第五章　劳动用工法

第一节　劳动管理规定

一、劳动用工

国际创客投资企业与劳动者建立劳动关系时应当订立劳动合同，使用劳务人员的，应当与劳务提供方签订劳务合同。企业用工既要遵守国家有关劳动法律法规的规定，也要遵守当地政府特别是省级政府劳动和社会保障部门的规定。由于各地具体劳动用工制度不尽相同，本书以作者执业所在地义乌市的有关规定举例说明。

（一）招聘

招聘具有城镇户口的劳动者，企业应到企业所在区、县职业介绍服务中心办理招聘备案手续；招聘农村户口的劳动者，企业应持相关证明及相关材料到企业所在区、县职业介绍服务中心办理招聘备案手续；招聘外地人员，企业应当应在区、县职业介绍服务中心为外来务工人员办理就业证；招聘外国人及我国台港澳地区人员，企业须向义乌市劳动和社会保障局为该人员申请就业许可证，获准后方可聘用。

（二）解聘

劳动合同期满或当事人双方约定的终止条件出现，劳动合同即行终止。当事人协商一致的，可续订合同。劳动合同履行过程中，双方可以协商解除劳动合同；

出现法定解除劳动合同条件的，当事人有权解除合同。

（三）经济补偿与赔偿

企业非因劳动者过失解除劳动合同的，按国家和义乌市有关规定向劳动者支付经济补偿金。

企业及劳动者任何一方违反《劳动法》《中华人民共和国劳动合同法》（以下简称《劳动合同法》）及劳动合同的约定，对另一方造成经济损失的，应当承担赔偿责任。

二、工时与休假

标准工时制职工每日工作 8 小时，每周工作 40 小时。

经过劳动合同和社会保障局批准，企业可实行综合计算工时工作制或不定时工作制，元旦、春节、清明节、国际劳动节、端午节、国庆节、中秋节为国家法定节假日。

三、工资

企业自主决定内部工资分配制度和工资水平。

全日制工作人员，其工资不得低于义乌市最低工资标准。目前，义乌市最低工资标准为每月不低于 1 800 元人民币。

四、中国职工社会保险

中国职工社会保险的基本情况如表 5-1 所示。

5-1　中国职工社会保险基本情况表

项　目	企业缴费	职工缴费	缴费基数
基本养老保险费	20%	8%	企业上半年保险人平均工资
失业保险费	1.5%	0.5%	企业上半年保险人平均工资
工伤保险费	0.3% ～ 1.6%	不缴	企业上半年保险人平均工资
基本医疗保险费	9%+1%（大额互助）	2%+3 元	企业上半年保险人平均工资

注：2019 年度住房公积金企业为职工上缴 12%，职工上缴 12%，缴费基数是一家企业上一年职工工资总额。

第二节　外国人居留签证规定

一、须办理居留证的外国人

持有 D、Z、X、J-1 字签证的外国人，必须自入境之日起 30 日内到居住地市、县公安局办理外国人居留证或者外国人临时居留证。上述居留证件有效期即为准许持有人在中国居留的期限。

外国人居留证，发给在中国居留 1 年以上的人员。

外国人临时居留证，发给在中国居留不满 1 年的人员。

（一）外资企业的外籍人员

来华任职受聘的国际创客投资企业中的外籍工作人员及其随行家属（配偶、未成年子女）应持 Z（职业）签证入境，入境后于 30 日内到当地公安局出入境管理处申请办理居留手续，居留证的有效期一般不超过 2 年，且不超过护照的有效期。

来华任职受聘的外国企业常驻代表及其随行家属（配偶、未成年子女）应持 Z 职业签证入境，入境后于 30 日内到当地公安局出入境管理处申请办理居留手续，首席代表居留证的有效期一般不超过 3 年，一般代表居留证不超过 2 年，且不超过护照的有效期。

（二）外国留学生

来华学习的外国留学生应持 X（学生）签证入境，入境后于 30 日内到当地公安局出入境管理处申请办理居留手续，公费生的居留证不得超过 4 年，自费生的居留证不得超过 1 年，且不超过护照的期限。

（三）外国专家

来华任职受聘的外国专家（教师）及其随行家属（配偶、未成年子女），应持 Z（职业）签证入境，入境后 30 日之内到当地公安局出入境管理处申请办理居留手续，居留证有效期一般不超过 2 年，且不超过护照的期限。

（四）外国驻华记者

外国驻华记者须持 J–1（记者）签证入境，入境后于 30 日内到当地公安局出入境管理处申请办理居留手续，居留证的有效期一般不超过 1 年，且不超过护照的期限。

（五）留学归国人员

在华任教受聘的外籍留学归国人员（含随行配偶、未成年子女），应持 Z（职业）签证入境，入境后于 30 日内到当地公安局出入境管理处申请办理居留手续，居留证期限最长不超过 5 年，且不超过护照有效期。

（六）寄养儿童

华侨、外籍华人把自己的年幼外籍子女送回国内在亲属家中寄住，其父母或者监护人应向当地公安局出入境管理处申请办理居留手续。经公安机关确认具有外国国籍的，可以办理有效期不超过 3 年的外国人居留证，且不超过护照有效期。

（七）内资企业中的外籍人员

内资企业中的外籍工作人员及其随行家属（配偶、未成年子女）须持 Z(职业）签证入境，入境后 30 日之内到市公安局入境管理处申请办理居留手续，居留证的有效期一般不超过 2 年，且不超过护照有效期。

二、无须办理居留证的情形

持 F、L、G、C 字签证的外国人，可以在签证的期限内在中国停留，不需要办理居留证件。但根据其在中国停留时间的情况，应办理相应的签证延期手续。

（一）旅游

持 L 签证来华旅游者，在签证有效期内不能按时离境的，可以持本人有效护照申请延期一次，期限不超过 1 个月。

（二）来华探亲

外国（籍）持 L 签证来华探亲的，在签证停留期内停留，超过停留期仍需停留的，应在期满前持本人护照到当地公安局出入境管理处办理延期手续。

（三）陪读人员

凭留学生办公室公函、被陪读人员护照和居留证办理，在被陪读人员居留证有效期内，每次延期为 90 天。

（四）危重病人

凭医院证明危重病情诊断书申请延期。

（五）中外通婚的外国人

中国公民的外籍配偶，须提供结婚证、中国配偶的户口簿、居民身份证，可以延期 3 次，每次延期不超过 3 个月。停留 1 年后继续申请延期的，必须写出书面申请（住房、婚姻、经济情况），可继续延期 2 次，每次延期不超过 6 个月。在华停留满 2 年后仍申请延期的，经批准后可以申请外国人临时居留证，有效期不超过 1 年，临时居留证可以申请延期 2 次，每次延期不超过 1 年。临时居留证延期满后，如需延期，可以换发临时居留证。

（六）使馆工作人员家属

使馆工作人员家属，凭馆函申请签证。

（七）短期访问、考察等活动

外国人持 F 签证入境，进行短期访问、考察、讲学、经商、科技文化交流及短期进修、实习等活动，超过签证的停留期仍需继续停留的，应该在期满前到当地市公安局出入境管理处申请办理签证延期手续，延期次数不限，每次延期不超过 3 个月，累计在华停留不超过 1 年。

（八）其他

持 L 签证的外国人，因工作需要经邀请或接待单位批准，可以变为 F 签证。

第三节 外籍员工办理就业证、居留许可程序

中国政府关于办理外国人就业许可、工作居留许可程序及有关事宜的主要规定如下：

一、企业聘用外国人须办理就业许可

（一）企业办理就业许可须提交文件

具体文件如下：

（1）企业法人营业执照副本、批准证书、公司章程、合资合同的原件和复印件。

（2）聘用外国人书面申请报告（详细说明聘用原因、职务、用人单位盖章）。

（3）聘用外国人的工作意向或工作协议（副总经理以上职位带董事会决议）。

（4）外国人的中文简历和任职资格证明（需学位证书和专业技能资格证书及2年以上相关工作经验证明的原件和复印件）。

（5）有效护照复印件。

（6）经中国驻外使、领事馆认证的外国卫生医疗机构或中国政府指定的卫生检疫部门出具的健康证明书复印件。

（7）外国人就业申请表（在申办单位处盖章）1份，近期2寸证件照片1张。

（二）办理时限

10个工作日（免费）。

（三）有效期限

自签发之日起6个月有效，过期不办有关手续，许可自动失效。

二、工作签证邀请函

（一）申办材料

法人营业执照及复印件加盖公章；护照及复印件；企业外国人就业许可证；

国际创客投资企业批准证书；申请国际创客访华报告表。

（二）办理时间

直接向市场商务局申办，需 1 个工作日；通过企业所在地区商务局可免费办理，但需经市商务局批准，所需时间较长，为 5 ~ 10 个工作日。

三、外国人就业证

（一）申办材料

外国人就业许可证（正本）；体检证明（须出示所在城市出入境检验检疫局出具或确认的健康证明，并注明聘用期限）；有效护照正本及复印件，有效签证复印件；外国人就业登记表（在申办单位处盖章）1 份，近期 2 寸证件照片 2 张。

（二）办理时间

需 5 个工作日（免费）。

（三）注意事项

（1）如签证的合同或出具的证明材料是外文，须同时提供外文翻译件（须加盖公章）。

（2）持《外国人就业证》在入境 30 天内向所在市公安局出入境管理处申办居留手续。

四、体检健康证明

需护照及 4 张 2 寸证件照片。

体检收费：人民币 650 元；在国外公立医院体检需国内检疫局体检中心认证 60 元 / 份（共需 2 份）。

办理时间：1 个工作日。

办理单位：所在城市出入境检验检疫局。

五、外国人居留许可

申办材料：

（1）本人有效护照及签证（需持 Z 字工作签证）。

（2）填写《外国人签证、居留许可申请表》并加盖单位公章，贴1张近期2寸半身免冠照片。

（3）所在城市检验检疫局出具的《健康证明书》。

（4）住所地派出所签发的住宿登记证明（格式证明信）。

（5）持L（旅游）签证、F（访问）签证的投资者，企业法人代表及外籍高级管理人员（指外籍董事、总经理、副总经理）和专业技术人员（指外籍总会计师、总经济师、总工程师）申请居留许可还需提供企业的批准证明、工商行政管理部门签发的营业执照副本原件及复印件、所在城市劳动和社会保障局签发的《外国人就业证》或国家外专局或外事办公室签发的《外国专家证》原件及复印件。

（6）随行家属还需提供任职或就业单位公函，配偶还需提供结婚证明，父母和子女还需提供亲属关系证明。

第四节　劳动争议解决

一、争议解决方式概述

在中国，劳动争议的解决方式主要有三种：调解、仲裁、诉讼。以下介绍这三种解决方式的具体特点。

调解是指在查明事实、分清是非、明确责任的基础上，依照国家《劳动法》的规定及劳动合同约定的权利和义务，推动用人单位和劳动者之间相互谅解、解决争议的方式。

仲裁是根据法律规定或者当事人之间的协议，由一定的机构以第三者身份，对双方发生的争议在事实上作出判断，在权利义务上作出裁决。劳动争议的仲裁是指劳动争议中仲裁委员会以第三者身份为解决劳动争议而作出裁决的劳动执法活动，因此兼有行政和司法的双重性质。劳动争议仲裁委员会不主动介入劳动争议，发生劳动争议的主体可以向其提出仲裁申请，仲裁委员会在受理案件后，经过开庭审理，在确定事实后，应先进行调解，如调解不成或者双方不愿意调解，可以作出仲裁裁决，该裁决具有强制性。如当事人双方未在法定期限内向法院起诉，则仲裁生效，当事人必须履行仲裁裁决，如一方不履行仲裁裁决，另一方可以请求强制执行。

虽然仲裁委员会可以对劳动争议作出有法律效力的裁决，但是依照中国的法律，只有法院才享有对劳动争议的最后决定权。仲裁委员会依法裁决后，如果当事人一方或者双方不服，在法定期限内有权向法院起诉。当事人起诉后，原裁决即无约束力，人民法院有权对该劳动争议独立审判，并作出判决。在诉讼阶段，如当事人不服一审法院的判决，还可以提出上诉，由二审法院作出最终裁决。

二、关于劳动争议解决的法律规定

（一）《劳动法》关于劳动争议的规定

第七十九条　劳动争议发生后，当事人可以向本单位劳动争议调解委员会申请调解；调解不成，当事人一方要求仲裁的，可以向劳动争议仲裁委员会申请仲裁。当事人一方也可以直接向劳动争议仲裁委员会申请仲裁。对仲裁裁决不服的，可以向人民法院提出诉讼。

第八十三条　劳动争议当事人对仲裁裁决不服的，可以自收到仲裁裁决书之日起 15 日内向人民法院提起诉讼。一方当事人在法定期限内不起诉又不履行仲裁裁决的，另一方当事人可以申请人民法院强制执行。

（二）《劳动争议调解仲裁法》关于提起劳动仲裁的时效规定

第二十七条　劳动争议申请仲裁的时效期限为一年。仲裁时效期间从当事人知道或者应当知道其权利被侵害之日起计算。

前款规定的仲裁时效，因当事人一方向对方当事人主张权利，或者向有关部门请求权利救济，或者对方当事人同意履行义务而中断。从中断时起，仲裁时效期间重新计算。

因不可抗力或者有其他正当理由，当事人不能在本条第一款规定的仲裁时效期间申请仲裁的，仲裁时效中止。从中止时效的原因消除之日起，仲裁时效期间继续计算。

（三）《劳动合同法》关于劳动合同的特殊规定

1. 关于试用期期限的规定

第十九条　劳动合同期限三个月以上不满一年的，试用期不得超过一个月；劳动合同期限一年以上不满三年的，试用期不得超过两个月；三年以上固定期限和无固定期限的劳动合同，试用期不得超过六个月。同一用人单位与同一劳动者只能约定一次试用期。以完成一定工作任务为期限的劳动合同或者劳动合同期限不满三个月的，不得约定试用期。试用期包括在劳动合同期限内。劳动合同仅约定试用期的，试用期不成立，该期限为劳动合同期限。

2. 未签订书面劳动合同的罚则

第八十二条　用人单位自用工之日起超过一个月不满一年未与劳动者订立书面劳动合同的，应当向劳动者每月支付两倍的工资。

3. 用人单位应向劳动者支付经济补偿金的情形及标准

第四十六条　有下列情形之一的，用人单位应当向劳动者支付经济补偿：

（1）劳动者依照本法第三十八条规定解除劳动合同的；

（2）用人单位依照本法第三十六条规定向劳动者提出解除劳动合同并与劳动者协商一致解除劳动合同的；

（3）用人单位依照本法第四十条规定解除劳动合同的；

（4）用人单位依照本法第四十一条第一款规定解除劳动合同的；

（5）除用人单位维持或者提高劳动合同约定条件下续订劳动合同，劳动者不同意续订的情形外，依照本法第四十四条第一项规定终止固定期限劳动合同的；

（6）依照本法第四十四条第四项、第五项规定终止劳动合同的；

（7）法律、行政法规规定的其他情形。

第四十七条　经济补偿按劳动者在本单位工作的年限，每满一年支付一个月工资的标准向劳动者支付。六个月以上不满一年的，按一年计算；不满六个月的，向劳动者支付半个月工资的经济补偿。劳动者月工资高于用人单位所在直辖市、设区的市级人民政府公布的本地区上年度职工月平均工资三倍的，向其支付经济补偿的标准按职工月平均工资三倍的数额支付，向其支付经济补偿的年限最高不超过十二年。本条所称月工资是指劳动者在劳动合同解除或者终止前十二个月的平均工资。

三、经典案例：吴某与义乌某医疗保健中心劳动争议案

律师提示：外籍人士在华就业应当办理就业证。

根据我国有关劳动就业的行政法规和部门规章规定，外籍人士、我国港澳台地区人士在中国就业应当申办就业证，否则双方签订的试用期协议不受《劳动合同法》和《劳动法》的保护，即劳动者的权益得不到我国劳动法律的保护。以下是高通律师事务所曾经代理的一个涉外劳动争议案件。

2008年1月28日，我国台湾地区居民吴某开始到义乌某妇婴医疗保健中心（以下简称“医疗保健中心”）工作，双方于2008年2月21日签订《聘用合同》，约定吴某任该医疗中心客户关系经理，月工资为17 000元，合同期限为3年；同时双方签订了《竞业禁止协议》，对双方的权利和义务做出了明确的约定。

2008年5月9日，医疗保健中心以吴某不能胜任该职位工作决定解聘吴某，但并未支付补偿金，也未发放解职决定书。吴某委托律师代理此案，要求该医疗保健中心支付违约解聘的补偿。

律师在审查《聘用合同》《竞业禁止协议》后，根据《劳动合同法》《劳动法》等相关法律法规，请求该医疗保健中心支付经济赔偿金及竞业禁止补偿金。

根据双方签订的《聘用合同》《竞业禁止协议》的约定，律师代理当事人提出如下仲裁请求：

（1）医疗保健中心支付经济补偿金17 000元；

（2）医疗保健中心支付竞业禁止补偿金86 215元；

（3）医疗保健中心支付加班费1 563.22元。

双方签订的聘用协议约定，如果吴某在医疗保健中心工作超过3个月，医疗保健中心单方面解除合同时需提前3个月给吴某书面通知。根据《劳动合同法》的规定，用人单位违法解除劳动合同的，应当以经济补偿标准的2倍向劳动者支付赔偿金。在本案中，医疗保健中心未向仲裁庭提交有效解除吴某劳动关系的证据及吴某不能胜任本职工作的证据；其提交人力资源的考核、评定表中无主管人员的签字，亦未加盖医疗保健中心的印章；律师对其证据予以质疑否定，认为违反法律的规定。

医疗保健中心还坚持吴某从事的职务不涉及竞业禁止，不用支付竞业禁止补偿金。但律师认为，鉴于双方签订了非竞争性合同，合同明确约定，吴某无论何原因与医疗保健中心终止劳动合同，吴某在6个月内不得在医疗保健中心所在省市或在其所（拟）设立的医疗机构、（拟）合作的中国医疗保健中心所在省市的营利性外资或合资医疗保健中心中从事医疗工作；医疗保健中心应每月支付竞业禁止补偿金2 000美元，期限为6个月。既然双方签订了此协议，该协议就是双方当事人真实意思的表示，具有法律的约束力。现医疗保健中心无故解除劳动合同，应当按照协议的约定支付竞业禁止补偿金，故应向吴某支付赔偿金、竞业禁止补偿金及加班费。

在本案开庭过程中，仲裁员要求医疗保健中心提交吴某的劳动就业证，该医疗保健中心声称其已为该员工办理就业证，但未提交。仲裁庭宣布中止审理，待医疗保健中心提交就业证后再行审理。此时，该医疗保健中心提出和解方案，补偿吴某3个月工资51 000元（税后），吴某同意和解，最终双方达成和解方案，吴某收到上述补偿款后申请撤诉。

律师点评：

就业证是外籍人士、我国台港澳地区人员的劳动权益获得保护的基础。地方《关于劳动争议案件法律适用问题研讨会会议纪要》中规定：外国人、台港澳地区居民未依法办理《外国人就业证》《台港澳人员就业证》的，其与用人单位签订的劳动合同应为无效劳动合同。外国人、我国台港澳地区居民已经付出劳动的，由用人单位参照合同约定支付劳动报酬；外国企业常驻代表机构未通过涉外就业服务单位直接招用中国雇员的，应认定有关用工关系为雇佣关系。在涉外劳动仲裁案件中，特别强调外籍人士的用工就业证，并以此作为受理的条件之一，对没有就业证的外籍人士的劳动纠纷，明确表示不予受理。违反此规定的属于非法用工行为，劳动者权益很难得到法律的保护，如果按照一般的民事雇佣关系处理，劳动者的权益就会受到很大损害。单位用工在就业证方面也有相关的管理规定。例如，擅自使用外籍劳动力的，责令限期清退，并按每使用一人处以500元至5 000元罚款；虽经批准使用，但未到指定的劳动力市场招收的，责令限期清退，并按每使用一人处以500元罚款；未办理就业证的，责令限期补办，并按每未办一人处以100元罚款等，因此单位在聘用外籍员工方面要严格遵守国家规定，为其办理就业证。

第六章　争议解决

解决有关国际创客投资的争议，一般有 4 种方式可以选择：协商、调解、仲裁和诉讼。协商和调解是中国所鼓励的解决争议的方式。中国传统上有重友谊的文化习惯，愿妥协而不愿对抗，因此不愿将争议提交司法或仲裁解决。这种文化习惯在中国立法中得到了充分的反映。中国立法总是把以协商和调解方式解决争端放在首位，而把诉讼和仲裁放在协商和调解之后。同时，中国立法在具体规定上，对合资企业、合作企业和国际创客独资企业的争议解决有不同规定。对于协商、调解两种方式，主要在双方自愿的基础上，通过双方的妥协，得出一个双方都接受的方案。

例如，《中华人民共和国合同法》（以下简称《合同法》）第一百二十八条关于争议解决的规定如下：

“当事人可以通过和解或者调解解决合同争议。当事人不愿和解、调解或者和解、调解不成的，可以根据仲裁协议向仲裁机构申请仲裁。涉外合同的当事人可以根据仲裁协议向中国仲裁机构或者其他仲裁机构申请仲裁。当事人没有订立仲裁协议或者仲裁协议无效的，可以向人民法院起诉。当事人应当履行发生法律效力的判决、仲裁裁决、调解书；拒不履行的，对方可以请求人民法院执行。”

第一节　调解

调解作为与诉讼、仲裁相并列的一种商事纠纷解决机制，是指在中立第三方的主持和协助下，当事人通过平等协商、互谅互让，达成和解协议，从而友好地解决纠纷的一种争议解决方式。与诉讼和仲裁方式相比，调解不仅可以节省大量时间和金钱，还具有更经济、更快捷的特点，而且通过这种非对抗性的纠纷解决机制，各方当事人的合作关系可以得以继续维系，进而达到互利共赢的结果。

调解作为解决涉外或国际商事纠纷的手段，主要采用以下两种方式：

第一，与仲裁、诉讼相结合，在仲裁、诉讼过程中由仲裁庭或法庭担任调解员的角色，主持争议各方就有关争议进行调解，属于非独立的司法调解。如任何一方当事人认为调解没有必要或不会成功，可以随时要求终止调解，继续进行仲裁或诉讼，直至作出裁决或判决。

第二，各方同意将争议提交独立的非营利性民间调解机构，由该机构调解员主持调解，属于独立的民间调解。任何一方当事人在调解过程中可以随时以书面声明要求终止调解，则调解程序终止。

一、调解机构

（一）境内调解机构介绍

中国最具代表性的国际商事纠纷民间性调解机构是中国国际贸易促进委员会/中国国际商会调解中心及其各分（支）会的调解中心。调解中心成立于1987年，总部设在北京。目前，在全国各省、市、自治区设有40余家分（支）会调解中心。

该调解中心已先后与德国、美国、英国、瑞典、韩国、加拿大、日本、意大利、中国香港、中国澳门等多个国家和地区的相关机构签署了有关联合调解的合作协议，成立了多家联合调解中心，以联合调解的方式解决争议。该中心每年办理各类商事争议案件400余件，调解成功率达到80%以上，案件当事人涉及40多个国家和地区。

（二）境外调解机构介绍

当不同国别的合作各方签署协议时或发生争议后，各方都力争在本国境内用本国法律解决纠纷，最后各方妥协的结果是共同选择一个中立的第三国或第三方司法管辖区解决争议。各国一般都设有解决国际商事纠纷的调解中心，如阿根廷调解中心、美国仲裁协会纽约调解中心、德国汉堡调解中心、英国有效争议解决中心等。

二、调解规则

（一）受理范围

调解的受理范围包括产生于商事、海事等领域的涉及不同国家民事主体之间的争议，具体包括当事人之间在贸易、投资、金融、证券、知识产权、技术转让、房地产、工程承包、运输、保险及其他商事、海事等领域的争议。

（二）法律适用

调解的法律适用是指调解程序中的和解决纠纷实体问题有关的法律适用。调解的本质特征是当事人自愿，即意思自治原则，因此由当事人选择或调解员确定调解规则、特定国家的调解程序，或有关调解的双边、多边国际条约，解决纠纷具体适用的本国、其他国家、地区、国际实体法律等，构成了调解法律适用的全部。当事人可事先或在争议发生后协商确定适用的法律。

（三）调解程序

各方当事人可以事先在合同中订立关于调解的条款，共同向调解中心口头或书面提出调解申请，或由一方当事人提出调解申请，调解中心在征得对方当事人同意后，立案受理。调解当事人须填写申请书或答辩书并附有关证明材料和指定调解员。

调解员听取各方当事人的陈述，审阅证据材料，根据需要进行现场调查或请专门机构作出证明，或请专家参与意见，以便全面掌握纠纷的真相和判断的依据。

调解员引导当事人进一步讲清案情，介绍有关法律规定和国际惯例，使他们能依法、合理地判断是非，分清责任，提出和解方案，权衡利弊，就纠纷事宜达成和解意见。

若调解成功，当事人应达成书面和解协议，或应其请求由调解员根据和解协议的内容作出调解书，该和解协议或调解书在执行或履行日之前不得被公开。为使调解达成的和解协议得到承认和保护，当事人可以在签订和解协议时加入仲裁条款，以便在一方不履行时他方可以立即求助仲裁途径，使和解协议内容以仲裁裁决书的形式被赋予强制执行力；若调解失败，调解机构在宣告调解结束的同时，应告知纠纷当事人可以寻求仲裁、诉讼等途径解决。

当事人和调解员在调解书上签字达成协议后，调解机构应当督促或协助当事人履行调解书。

（四）当事人的选择权

调解遵循当事人意思自治原则，因此当事人可以就调解规则、调解时间、调解地点及调解员等进行约定或选择，调解机构应尊重当事人的约定或选择，只有在当事人未就上述事项作出约定或选择的情况下，调解机构才可以根据本机构的调解规则进行指定。

三、调解收费

中国国际贸易促进委员会 / 中国国际商会调解中心的调解费收费标准如表 6–1 所示。

表6–1 中国国际贸易促进委员会/中国国际商会调解中心的调解费收费标准

争议金额（人民币）	调解收费（人民币）
100 000 元以下	争议金额的 6% ～ 4%，最低不少于 1 500 元
100 000 元至 500 000 元	争议金额的 4% ～ 2.5%
50 000 元至 1 000 000 元	争议金额的 2.5% ～ 1.75%
1 000 000 元至 5 000 000 元	争议金额的 1.75% ～ 1%
5 000 000 元至 10 000 000 元	争议金额的 1% ～ 0.75%
10 000 000 元至 50 000 000 元	争议金额的 0.75% ～ 0.5%
50 000 000 元以上	争议金额的 0.5%

调解员认为确有必要到外地察看调查的，调解人员的食宿、交通费用等实际开支，按合理的费用标准向当事人收取。如调解程序因故中止，调解中心可根据调解工作的进展情况和实际开支，适当返还当事人预交的部分调解费。

欧美国家调解中心的收费标准一般是按照初始立案管理费与调解员个人小时收费相结合的方式收取的，当事人同时应承担调解员为调解事项所花费的通信费、差旅费、食宿费等实际开支。例如，美国仲裁协会的国际争议解决中心规定，调解立案费为一方当事人 325 美元，同时各方当事人应支付调解员个人按件或按小时收取的调解报酬。除当事人之间另有约定外，所有调解费用一般由涉案各方当事人平均承担。在调解程序开始之前，该中心应就可预见的总调解费用作出预估并向各方当事人预先收取，在调解终止后，该中心应向当事人提供财务说明并退还余额。

通过以上比较可以看出，调解比仲裁收费更低廉，为节约成本，如果不是一定要通过仲裁程序解决的案件，可首先选择通过调解方式解决。

总之，调解作为一种解决国际商事争议的手段，以其快速、省时、收费相对低廉、程序灵活、尊重当事人意思自治、具有高度保密性及有利于维护各方合作关系等优点，正得到商业社会越来越多的认可。调解以合作替代对抗，符合当今商业发展的趋势和潮流，是一种极具发展前景的争议解决机制，企业可以优先考虑。

第二节　民事诉讼

诉讼是解决争端的一种常见方式，当事人将争议提交中国或外国的法院，由法院依照中国或外国法律对争议进行审判，从而解决争议。与国际创客投资有关的争议属于民事诉讼的范畴，在中国适用《中华人民共和国民事诉讼法》（以下简称《民事诉讼法》）的有关规定。

一、中国法院体系

中国法院在中央及地方与各级人大和政府一起建立。总的来说，中国法院体系分为4级法院：县一级的基层法院、市（设区市）一级的中级法院、省一级的高级法院和最高人民法院。其中，市级法院体系又分为3个级别，分别是县级市法院、设区市法院和中央直管的计划单列市法院。另外，还有特别法院，如海事法院、铁路运输法院和军事法院等。

法院由分管民事、行政和刑事案件的不同审判庭组成。法院应成立奇数人数的由法官和陪审员组成或者法官单独组成的合议庭审理案件，对简易程序案件可由1名法官独任审判。

二、外国人的民事诉讼地位

对于外国投资人的民事诉讼地位，中国法律遵循国际惯例，实行三大原则：

（一）平等原则

外国人（包括自然人、法人及其他组织）在中国的诉讼程序中，享有与中国公民、法人和其他组织同等的权利并承担同等义务。

（二）对等原则

如果外国人的母国对中国的公民、法人和其他组织的民事诉讼权利加以限制，则中国法院应当对该外国人实行对等原则，加以同样的限制。

（三）国际条约有限原则

根据国际公约和双边条约优于国内法的原则，如果中国与外国人的母国签订的双边条约或共同参加的国际公约对当事人的民事诉讼地位另有明确规定的，除中国声明保留的条款外，适用该国际条约或公约的规定。

在诉讼过程中，外国投资者会遇到一些实际困难。首先，对于涉外民事诉讼，中国法院采用中文作为正式语言，如果当事人要求翻译，中国法院可以提供，但费用必须由提出要求的一方承担。其次，外国无国籍人、外国企业和组织在中国参加民事诉讼，如果委托律师代理诉讼，必须委托具有中国执业资格的律师。当事人也可以委托外国律师，但外国律师无权出庭和直接与法院交涉。

三、民事诉讼程序

对于民事诉讼程序，中国法院采取两审终审制。

（一）一审

当事人向人民法院提交起诉书及支持起诉书的证据和其他文件后，法院会对这些文件进行初步审核，审查起诉是否具有法律要求的实质要件和形式要件。

人民法院受理案件后，即着手进行开庭前的准备，向原告、被告发出受理案件的通知书和应诉通知书。

实践操作中，开庭审理一般在案件受理后 2 ～ 3 个月内进行。中国对开庭审理，主要采用当事人互相辩论、质证的方式，法官只是独立的裁判者，而不采用纠问式的诉讼方式。

对于普通的民事案件，中国法律要求法院必须在立案之日起 6 个月内审结。其中，对适用简易程序审理的案件，法院审理案件的期限为 3 个月。如果有特殊情况需要延长，必须经过该人民法院的院长批准，方可以延长 6 个月。如果还需要延长的，必须报请上级人民法院批准。另外，中国法律还有诉讼中止的规定，在诉讼过程中，如果出现了法定情况，人民法院可以中止诉讼，而不受上述诉讼期限的限制，中止诉讼的原因消除后，可恢复诉讼，上述期限继续计算。

（二）二审

中国法律规定，对于人民法院的第一审民事案件的判决和裁定，当事人有权向作出该判决或裁定的人民法院的上一级人民法院提出上诉。该上诉必须在一审判决书送达当事人之日起 15 日内提出，对于裁定，则必须在裁定书送达当事人之日起 10 日内提出上诉。

二审的程序与一审基本相同，二审法院对上诉案件经过审理，可以区别情况作出驳回上诉，维持原判决；依法改判；发回重审等处理结果。

第二审人民法院的判决和裁定是终审的判决和裁定，一经作出，即具有法律效力。

对于第二审的诉讼时限，中国法律规定，对于判决的上诉案件，人民法院应当在第二审立案之日起 3 个月内作出终审判决。对于裁定的上诉则应当在第二审立案之日起 30 日内作出决定。

（三）审判监督程序：有限的三审制度

法院院长、上级法院或上级检察院发现下级法院已发生法律效力的判决或裁定确有错误的，有权决定重审。

四、管辖

（一）管辖规则

根据《民事诉讼法》，基层人民法院（县法院或者市辖区法院）有权管辖涉外一审案件，但重大涉外案件由中级人民法院直接管辖。根据《最高人民法院关于适用〈中华人民共和国民事诉讼法〉若干问题的意见》，重大涉外案件是指争议标的额大，或者案情复杂，或者居住在国外的当事人人数众多的涉外案件。

同时，中级人民法院也可以对在本辖区有重大影响的案件或者最高人民法院确定由中级人民法院管辖的案件行使一审管辖权。

最高人民法院对在全国有重大影响的案件行使一审管辖权。但是在目前两审终审的体制下，最高人民法院行使一审管辖权的情况是很少的。

（二）《民事诉讼法》规定的管辖类型

1. 级别管辖

确定案件级别管辖主要依据涉案标的大小。由于中国经济、社会发展的不均衡，东部沿海地区和西部地区法院在案件受理量上悬殊。如果当事一方的住所不在受诉法院辖区内，或者案件涉及国外、我国港澳台地区的，标的额在5 000万元以下的，基层法院对一审有管辖权。

根据最高人民法院的规定，青海省、宁夏回族自治区和西藏自治区的高级法院可以受理标的额在2 000万元以上的第一审案件。这相当于东部地区大城市的基层法院可以审理在西部地区由高级法院审理的案件。

根据最高人民法院的通知，中级人民法院管辖标的额在5 000万元以上的第一审案件。2011年8月，最高人民法院规定1亿元以上的普通民事案件及当事人一方的住所不在受诉法院辖区内，且标的额在5 000万元以上的第一审案件由中级法院管辖；如果案件涉及国外、我国港澳台地区，且标的额在5 000万元以上的第一审案件仍然由中级人民法院管辖。

高级人民法院管辖在本辖区有重大影响的第一审民事案件。

根据最高人民法院的通知，标的额在2亿元以上的第一审民事、商事案件由高级人民法院管辖。对标的额在1亿元以上的第一审案件，如果涉及国外或我国港澳台地区，仍然由高级人民法院管辖。

2. 地域管辖

不管被告是公民还是法人，案件由被告住所地或者经常居住地的法院管辖。依据该原则，地域管辖以被告住所地来确定，影响法院地域管辖的因素包括住所、经营地、财产所在地、行为地和当事各方的约定。如果被告已经与某地存在一定实质性的联系，该地法院就有案件的管辖权。

《民事诉讼法》第三十四条规定：合同或者其他财产权益纠纷的当事人可以书面协议选择被告住所地、合同履行地、合同签订地、原告住所地、标的物所在地等与争议有实际联系的地点的人民法院管辖，但不得违反本法对级别管辖和专属管辖的规定。

3. 专属管辖

《民事诉讼法》第三十三条规定："下列案件，由本条规定的人民法院专属管辖：因不动产纠纷提起的诉讼，由不动产所在地人民法院管辖；因港口作业中发生纠纷提起的诉讼，由港口所在地人民法院管辖；因继承遗产纠纷提起的诉讼，由被继承人死亡时住所地或者主要遗产所在地人民法院管辖。"

4. 移送管辖和指定管辖

《民事诉讼法》第三十六条规定："人民法院发现受理的案件不属于本院管辖

的，应当移送有管辖权的人民法院，受移送的人民法院应当受理。受移送的人民法院认为受移送的案件依照规定不属于本院管辖的，应当报请上级人民法院指定管辖，不得再自行移送。”

第三十七条规定：“有管辖权的人民法院由于特殊原因，不能行使管辖权的，由上级人民法院指定管辖。人民法院之间因管辖权发生争议，由争议双方协商解决；协商解决不了的，报请它们的共同上级人民法院指定管辖。”

第三十八条规定：“上级人民法院有权审理下级人民法院管辖的第一审民事案件；确有必要将本院管辖的第一审民事案件交下级人民法院审理的，应当报请其上级人民法院批准。下级人民法院对它所管辖的第一审民事案件，认为需要由上级人民法院审理的，可以报请上级人民法院审理。”

第三节　商事仲裁

如果存在合法有效的仲裁协议，当事各方就无权在法院起诉。中国的仲裁机构分为国内仲裁委员会和国际仲裁委员会。目前，在全国的城市有200多个国内仲裁委员会。根据《中华人民共和国仲裁法》（以下简称《仲裁法》）的要求，每个仲裁委员会都建立了自己的仲裁程序规则。

一、仲裁范围与管辖

国内仲裁委员会可以受理涉外纠纷，只要争议各方明确表示接受相关仲裁委员会的管辖。但在实践中，几乎没有国际经济争议的当事人选择国内仲裁委员会的管辖。

传统意义上负责解决涉外经济纠纷的仲裁委员会是中国国际经济贸易仲裁委员会和专门解决海事纠纷的中国海事仲裁委员会。中国国际经济贸易仲裁委员会的总部在北京，并设有华南分会（深圳）、上海分会、浙江分会和西南分会（重庆）等。

中国国际经济贸易仲裁委员会在1956年成立，当时的名称是对外贸易仲裁委员会，并在1980年更名为对外经济贸易仲裁委员会。1988年，该仲裁委员会再次更名为中国国际经济贸易仲裁委员会。从20世纪90年代初开始，中国国际经济贸易仲裁委员会的案件受理量从每年200件增加到每年1 000余件。

中国国际经济贸易仲裁委员会的注册仲裁员中包括700多名国内专家、专业人士和200多名来自美国、澳大利亚、加拿大和欧洲国家的法律专业人士。从

2005年开始，涉案方可以选择注册仲裁员之外的人士担任仲裁员，前提是涉案各方同意和中国国际经济贸易仲裁委员会批准仲裁员的选任。仲裁委员会允许涉案方依据仲裁协议选择进行仲裁的语言。

2000年，中国国际经济贸易仲裁委员会修改了仲裁规则关于“国内争议”的规定，扩展到包括所有经济纠纷。在此之前，中国国际经济贸易仲裁委员会的管辖排除了涉案方均是中国籍当事人的案件。根据新规则，中国国际经济贸易仲裁委员会可以受理仅涉及中国籍当事人的案件。

（一）仲裁协议

只有在争议双方同意将争议提交仲裁的前提下，争议才能提交仲裁。除非存在有效的仲裁协议，否则仲裁委员会对案件无管辖权。涉案各方明确表示仲裁意愿是有效仲裁协议或者是条款所必需的。

1. 仲裁条款的效力

根据中国法律的规定，一个有效的仲裁协议或者仲裁条款必须具有以下内容：①请求仲裁的书面意思表示；②具有管辖权的仲裁委员会的指定。

仲裁协议或者条款只有明确争议事项属于仲裁委员会管辖并指定仲裁委员会才能具有法律效力。指定的仲裁委员会有权认定仲裁条款是否存在和有效。根据中国国际经济贸易仲裁委员会的规则，仲裁委员会而非仲裁庭有权认定仲裁协议的效力。

2. 法律的选择

如果争议各方都是中国当事人，则适用于中国法律。在所有涉外合同中，合同各方可以选择合同适用的法律。如果涉案各方没有选择适用的法律，仲裁庭可以适用中国加入的国际公约的规定或者承认的国际惯例。如果没有上述相关国际公约和惯例，仲裁庭应该适用与合同有最紧密联系的法律，如合同签订地或者合同履行地的法律。但适用法律的选择不得违反中国法律和社会公共利益。

例如，最近，中国国际经济贸易仲裁委员会开庭审理的一个从中国销售越橘到瑞典的合同纠纷案，对适用法律，中国国际经济贸易仲裁委员会仲裁庭决定如下：

“该销售合同对适用法律没有约定。根据中国冲突法规则，适用与合同有最密切联系的国家的法律。在该案中，根据申请人的仲裁申请和口头答辩，产品在中国北方生产，合同的商谈和签订都是通过传真完成的。既然双方都同意在中国国际经济贸易仲裁委员会仲裁，仲裁庭认为中国与该合同有最紧密联系，因此适用中国法律。”

“而且，由于中国和瑞典都是《联合国国际货物销售合同公约》的签约国，当事人并没有明确表示排除该公约的适用，因此《联合国国际货物销售合同公约》也适用于该案。”

3. 仲裁机构的选择

中国法律允许合同各方选择解决争议的仲裁机构。仲裁机构的名称必须在合同中清楚明确地指出。一条不明确的仲裁机构选择条款可能导致两个机构的管辖争议，如果没有争议各方的书面确认，会直接导致仲裁协议的无效。例如，“仲裁在新加坡举行”的表述同样被认为是对仲裁机构的指定不明确。为了避免诉讼，确认仲裁条款的效力，合同各方在指定仲裁机构时应同时明确其名称和地点。

（二）财产保全与证据保全

仲裁的一方可以要求仲裁委员会向中级人民法院申请对可能灭失的财产和证据采取保全措施，仲裁委员会必须向中级人民法院申请财产和证据保全。保全申请必须向财产或者证据所在地的中级人民法院提出。

（三）司法支持与审查

1. 仲裁裁决的执行

仲裁裁决具有法律效力，各方应主动履行。如果任何一方在限定期限内怠于履行仲裁裁决确定的义务，另一方有权向法院申请执行。执行措施根据作出裁决的是国内仲裁机构还是境外仲裁机构而有所不同。

（1）国内裁决的执行

如果一方拒绝执行仲裁裁决，另一方可以向法院申请执行。法院会审查仲裁程序，但不会审查证据事实和法律的适用。因此，只要申请材料没有明显的违规，法院就会裁定执行裁决。

对于财产位于境外的国内仲裁决的执行稍微复杂一些，通常需要中国有关法院向外国法院提出司法协助请求。这种请求会基于互惠主义和中国签署的关于司法协助的双边或多边协议执行。

（2）外国裁决的执行

根据《民事诉讼法》第二百八十三条的规定和《承认及执行外国仲裁裁决公

约》(《纽约公约》)，境外仲裁机构作出的裁决可以在中国获得法院的承认和执行，但法院有权审查决定是否承认和执行。

2. 仲裁裁决的撤销

当事人可以向中级法院申请撤销仲裁裁决。撤销申请必须在收到裁决之日起的6个月内作出。《仲裁法》第五十八条规定，当事人提出证据证明裁决有下列情形之一的，可以向仲裁委员会所在地的中级人民法院申请撤销裁决：①没有仲裁协议的；②裁决的事项不属于仲裁协议的范围或者仲裁委员会无权仲裁的；③仲裁庭的组成或者仲裁的程序违反法定程序的；④裁决所根据的证据是伪造的；⑤对方当事人隐瞒了足以影响公正裁决的证据的；⑥仲裁员在仲裁该案时有索贿受贿、徇私舞弊、枉法裁决行为的。

法院应当在受理撤销裁决申请之日起两个月内作出裁定。如果法院决定撤销仲裁裁决，则裁决无效并不再具备在中国或者其他国家执行的效力。通常法院会要求仲裁委员会对案件重新仲裁。

3. 裁定不予执行

如果仲裁裁决出现法律规定的情形，当事人可以向法院申请不予执行。仅在特殊情形下才会启动这样的司法审查。被申请人提出证据证明仲裁裁决有下列情形之一的，司法审查才会裁定不予执行：①当事人在合同中没有订立仲裁条款或者事后没有达成书面仲裁协议的；②被申请人没有得到指定仲裁员或者进行仲裁程序的通知，或者由于其他不属于被申请人负责的原因未能陈述意见的；③仲裁庭的组成或者仲裁的程序与仲裁规则不符的；④裁决的事项不属于仲裁协议的范围或者仲裁机构无权仲裁的。人民法院认定执行该裁决违背社会公共利益的。比如，裁决所依据的证据是伪造的，一方隐藏证据可能影响公正裁决的，仲裁员索要或接受贿赂明显偏向一方解释法律的。

总的来说，当法院收到撤销裁决的申请后，法院不会对裁决的实体问题作出裁定，而是要求原仲裁庭重新仲裁。在中国，法院的主要作用是支持仲裁委员会的工作和裁决。因此，法院并不愿意干预仲裁委员会的裁决。

二、承认和执行外国仲裁裁决的条件及程序

如果境外仲裁机构作出的仲裁裁决符合《纽约公约》和中国法律（如《民事诉讼法》）规定的条件，裁决会在中国法院得到承认和执行。

（一）法律依据

（1）《民事诉讼法》。

（2）《纽约公约》。

（3）最高人民法院关于执行我国加入的《承认及执行外国仲裁裁决公约》的通知。

（4）最高人民法院关于人民法院处理与涉外仲裁及外国仲裁事项有关问题的通知。

（二）管辖

被申请人主要业务所在地或者财产所在地的中级人民法院有权管辖外国仲裁裁决的承认与执行。

（三）申请时间限制

当事人申请执行的期限为 2 年。

（四）申请材料

申请书；裁决原件或复印件；《纽约公约》第二条提及的协议或合同；申请人营业执照；授权委托书；以上文件的经认证的翻译件。

（五）法院审查与执行期限

如果人民法院决定承认和执行该外国裁决，法院应在收到申请之日起 2 个月内作出决定并在通常情况下自作出决定之日起 6 个月内完成执行。

（六）关于法院决定的特殊规定

没有最高人民法院的答复与同意，中级人民法院不能作出不予承认或执行外国仲裁裁决的决定。根据最高人民法院的司法解释，如果人民法院认为从中国国内法或者国际条约考虑最好不予承认或执行仲裁裁决，该人民法院在作出决定之前应将案件上报高级人民法院审核。如果高级人民法院同意下级法院关于不予承认或执行裁决的意见，高级法院应向最高人民法院上报其意见并请求答复。因此，对中国法院而言，不予承认或执行外国仲裁裁决的概率是很小的。

第七章　外资企业清算注销

在 2008 年之前，国际创客独资企业、中外合资企业及中外合作企业 3 种类型的国际创客投资企业的普通清算均遵照对外经济贸易合作部发布并于 1996 年 7 月 9 日所实施的《外商投资企业清算办法》的相关规定办理。2008 年年初，该办法已被明令废止，国际创客投资企业的清算工作应当按照《中华人民共和国民法通则》(以下简称《民法通则》)《中华人民共和国公司法》(以下简称《公司法》) 等相关规定执行，其中《公司法》关于“公司解散和清算”的规定成为基本的清算法律依据。

根据《公司法》的规定，公司终止的原因包括两种：一是破产；二是解散。《公司法》规定公司解散的原因有自愿解散、强制解散、司法解散。

本书阐述的清算只指普通清算，即投资方决议解散、营业期限届满或者公司章程规定的解散事由出现而予以解散的情形。

第一节　清算

一、概述

外资企业的清算是指外资企业解散后，依照一定程序了结公司事务，收回债权，清偿债务并分配财产，最终使公司法人资格终止消灭的程序。公司除因合并或分离而解散外，其他原因引起的解散，均须经过清算程序。

根据《公司法》第一百八十三条规定：“公司因本法第一百八十条第（一）项、第（二）项、第（四）项、第（五）项规定而解散的，应当在解散事由出现之日起十五日内成立清算组，开始清算。”

由于我国《公司法》只规定了有限责任公司和股份有限公司，故公司清算只能实行法定清算。法定清算是指按法律规定的清算程序进行清算。

二、清算程序

（一）成立清算组，开始清算

《公司法》第一百八十四条规定，有限责任公司的清算组由股东组成，股份有限公司的清算组由董事或者股东大会确定的人员组成。逾期不成立清算组进行清算的，债权人可以申请人民法院指定有关人员组成清算组进行清算。

（二）通知、公告债权人并进行债权登记

《公司法》第一百八十五条第一款规定，清算组应当自成立之日起十日内通知债权人，并于六十日内在报纸上公告。债权人应当自接到通知书之日起三十日内，未接到通知书的自公告之日起四十五日内，向清算组申报其债权。

第一百八十五条第二款规定，债权人申报债权，应当说明债权的有关事项，并提供证明材料。清算组应当对债权进行登记。

（三）清理公司财产、编制资产负债表和财产清单

清算组要全面清理公司的全面财产，不仅包括固定资产，还包括流动资产；不仅包括有形资产，还包括知识产权等无形财产；不仅包括债权，还包括债务。在清理后，清算组还要编制资产负债表和财产清单，作为下一步工作的基础。

（四）制定清算方案，并报股东会、股东大会或者人民法院确认

《公司法》第一百八十六条规定，清算组在清理公司财产、编制资产负债表和财产清单后，应当制定清算方案，并报股东会、股东大会或者人民法院确认。

（五）分配财产

清算方案确定后，需依照方案进行分配财产，《公司法》第一百八十六条规定："公司财产在分别支付清算费用、职工的工资、社会保险费用和法定补偿金，缴纳所欠税款，清偿公司债务后的剩余财产，有限责任公司按照股东的出资比例分配，股份有限公司按照股东持有的股份比例分配。"

（六）制作清算文件

清算结束后，清算组应当制作清算报告和清算期间收支报表及各种财务账簿。这些文件材料是整个清算工作的书面总结，是公司经过清算程序的书面证明，同时是据以申请注销登记的必要材料，只有持有效的清算报告才能申请公司注销报告。

（七）报告确认

《公司法》第一百八十八条规定："公司清算结束后，清算组应当制作清算报告，报股东会、股东大会或者人民法院确认，并报送公司登记机关，申请注销公司登记，公告公司终止。"法律规定的这些确认机关是组成清算组的法定机构，清算组由其组成，相关工作要经其确认，只有经过这些机构的确认，清算报告才能生效。

（八）注销登记

清算组制作的清算报告经股东会、股东大会或者人民法院确认后，清算组应向有关登记机关申请注销公司登记，公告公司终止。这是公司清算组最后一项工作。清算组应当自公司清算结束之日起三十日内向有关登记机关申请公司注销，并办理注销登记手续，缴销公司执照。

经公司登记机关核准注销登记，公司终止公司法人资格。清算组应当公告公司终止。

三、清算期间企业的法律主体地位

《公司法》规定，清算期间，公司存续，但不得开展与清算无关的经营活动。此时的公司仍为法人，但公司的权利能力、行为能力有所限制，它的业务活动范围仅限于与清算有关的经营活动。公司的代表机构为清算组，由清算组负责公司的具体工作并代表公司参与诉讼或仲裁活动。

第二节　注销登记

一、外资企业注销程序

（1）董事会决议通过。

（2）投资方（股东）批准。

（3）商务部门或对外贸易经济合作部门的批准。
（4）成立清算组，清算资产，公告，出具《清算报告》。
（5）税务（国税、地税）登记证注销。
（6）海关、财政、统计部门注销核准。
（7）外汇登记证注销（外币、人民币购汇后汇出，外币、人民币账户销户）。
（8）工商（营业执照）注销。
（9）组织机构代码证注销。
（10）劳动登记证注销。

二、外资提前终止合同、解散企业因向商务局提交的材料

（1）企业申请（法定代表人签字、盖章）；批准证书和营业执照复印件。
（2）公司章程规定的最高权力机构作出的决议和决定。
（3）合营各方法人代表签署的提前终止合同、章程协议书或投资方法人代表签署的提前终止章程。
（4）承诺书（需法定代表人签字、盖公章）、办理人员授权委托书及身份证复印件、验资报告复印件。
（5）清算委员会名单。
（6）审批机关规定的其他文件。

三、外资投资企业向工商局注销登记应提交的文件、证件

《外商投资企业注销登记申请书》；公司章程规定的最高权力机构作出的决议或决定；清算报告或清算组织负责清算债权债务的文件；审批部门的批准文件；税务机关、海关出具的完税证明；公开发行的报纸注销公告的报样（公告之日起四十五日后，方受理注销申请）；清算组成员《备案证明》；《指定（委托）书》；《企业法人营业执照》正、副本。

四、外资企业税务注销

（一）外资企业税务注销登记

需要注销的国际创客投资企业应携带公司董事会的决议，商务局批准证明和《税务登记证》副本，到地税涉外所注销登记窗口做注销台账登记。

（二）清算查账

企业登记转户台账后，与税务所专管员联系确定检查日期，专管员对企业近3年的账目进行纳税清算检查。

（1）检查有问题需要补交税费的，必须填写税收缴款书到银行缴纳。

（2）转外区企业近3年内（含本年度）任一年缴纳额30万（含本数）以上房地产、注册资金2 000万元以上（含本数）、内资转外资的及存在重大嫌疑的企业，必须填写《注销等税务登记事项审批单》2份，报送由税务事务所对本企业近3年税款所做的审计报告。《清算审计报告标准》一式两份、企业加盖公章的申请书（写明注销原因）1份、《税务登记证》副本、外经委批准证明（或商务局变更批复）的复印件各1份和新营业执照副本复印件1份，交于专管员，由所内报送所属地税局批复同意后再由管理员办理注销手续。

（三）税务审批

注销企业在查账后填写《地方税务局纳税清算申请表》一式三份，注销理由和发票等情况要写详细。由检查人员审核企业历年的纳税状况、税收执行情况、发票税控装置及发票使用情况，填写审核意见，并填写其他客户资料。

五、外汇登记证注销

注销企业需向外管局提供如下文件：业务申请表；外汇登记卡；商务部门同意注销的批准文件；视情况要求补充的其他材料。

六、银行账户注销

注销企业需要向银行提供如下文件：银行开户许可证；商务部门同意注销的批准文件；注销表；经办人身份证；法定代表人人名章、财务专用章、公章（需携带）；其他银行要求的材料。

七、组织机构代码证注销

注销企业的组织机构代码证，需要向质量技术监管部门提交如下文件：注销确认单；商务部门及工商部门核准注销的文件或证明；经办人身份证件；代码证书正副本；其他证明材料。

第八章　国际创客投资企业经营管理中常见的法律问题

第一节　经营范围

一、概述

所谓企业的经营范围，是指政府批准企业从事经营的行业、商品（产品）类别或服务项目，是国家对企业进行宏观管理和指导的一项重要内容。每一个企业都应当有明确的经营范围，在核定的经营范围内进行法定经营。中国法律对国际创客投资企业的经营范围的控制十分严格。每一个国际创客投资企业的经营范围都明确规定在该国际创客投资企业的营业执照中。对于经营范围的界定，国家是现场监督管理总局按照《企业经营范围用语规范（试行）》的规定执行，同时按照《国民经济行业分类和代码》对国民经济的行业分类，具体确定和规范国际创客投资企业的企业经营范围。在核定企业的经营范围时，工商行政管理机关明确界定企业的行业界限，并且按照与企业的注册资金、场地、设备、从业人员和技术力量相适应的原则，确定企业的经营范围。企业一般以主业为主，兼营与主业相关的其他行业的产品或者商品，但是不得反向经营。

中国法律规定，企业应当在核准登记的经营范围内从事经营活动。在新《合同法》颁布之前，最高人民法院规定企业超越其经营范围的活动法律效力，但是由此产生的后果仍然由企业承担。企业超越经营范围所签的合同无效。近年来，随着中国经济的发展，经营范围外行为严格无效的立场有所松动。中国法院在处理超越经营范围的案件中，对于无社会危害性的行为，尽可能解释为经营范围内的行为，对于非明显超越经营范围并且社会危害性不大的行为，不再严格按违法行为处理。1999 年《合同法》颁布后，最高人民法院于 1999 年 12 月 19 日颁布了《关于适用〈中华人民共和国合同法〉若干问题的解释》，其中第十条明确规定："当事人超越经营范围订立合同，人民法院不因此认定合同无效，但违反国家限制经营、特许经营以及法律、行政法规禁止经营规定的除外。"这项规定从根本上废除了以前的企业超越其经营范围的活动没有法律效力，但是由此产生的后果仍然由企业承担这一原则。

但是，国际创客投资企业如果超出其经营范围进行活动，中国的登记主管机关可以根据《中华人民共和国企业法人登记管理条例施行细则》(以下简称《企业法人登记管理条例施行细则》)和《中华人民共和国公司登记管理条例》(以下简称《公司登记管理条例》)的规定处罚。这两项法律中规定的对国际创客投资企业的处罚有所不同，国际创客投资企业超越其经营范围，应当首先按照《企业法人登记管理条例施行细则》的有关规定处理。对于登记为有限责任公司的国际创客投资企业超越经营范围的行为，凡是《企业法人登记管理条例施行细则》没有规定的，可依据《公司登记管理条例》的有关规定进行处理。

《企业法人登记管理条例施行细则》第六十条第(四)项规定，超出核准登记的经营范围或者经营方式从事经营活动的，视其情节轻重，予以警告，没收非法所得，处以非法所得 3 倍以下的罚款，但最高不超过 3 万元，没有非法所得的，处以 1 万元以下的罚款。同时违反国家其他有关规定，从事非法经营的，责令停业整顿，没收非法所得，处以 1 万元以下的罚款；情节严重的，吊销营业执照。依照《公司登记管理条例》第七十一条的规定："伪造、涂改、出租、出借、转让营业执照的，由公司登记机关责令改正，并可处以 1 万元以上 10 万元以下的罚款；情节严重的，吊销营业执照。"由上述规定可以看出，依照《企业法人登记管理条例施行细则》的规定，最高罚款为 3 万元；依据《公司登记管理条例》，则最高罚款为 10 万元，同时规定了罚款的下限至少为 1 万元。如果国际创客投资企业超越经营范围从事违法活动，该国际创客投资企业的法定代表人也会承担责任，工商行政管理机关可给予行政处分、罚款，构成犯罪的依法追究其刑事责任。

在实践操作中，在国际创客投资企业的具体经营管理中，与经营范围密切相关的两个常见问题是贷款问题和分销中心问题。贷款问题是企业之间的贷款，中国目前只允许金融机构从事贷款业务，而在任何其他非金融机构的经营范围中，都不会出现允许从事贷款业务的规定。但是在实践操作当中，企业之间互相拆借资金，从事贷款业务，收取利息的现象屡见不鲜，企业之间的借贷合同违反了有关的金融法规，同时超越了企业的经营范围，因此属于无效合同。

二、企业之间互相拆借资金，签订借贷合同，会引起以下法律后果

第一，对于贷款方已经取得或者约定取得的利息予以收缴，对于借款方处以相当于所借金额的银行利息的罚款。在中国，银行的贷款利息包括不同期限的固定资金贷款和流动资金贷款利息，而这里中国法律并未明确规定应适用哪种利息。实践中，一般根据所拆措的资金的实际用途和期限规定罚款利息。例如，如果所拆借的资金为两年期限，用于固定资产投资，则应当适用两年期的固定资金贷款利率。如果为一年期的借款，同时只用于流动资金，则应当适用一年期的流动资金借款银行利率。

第二，对自双方当事人约定的还款期满之日起，至人民法院判决确定借款人返还本金期满期间内的利息，人民法院应当予以收缴，该利息按借贷双方原约定的利率计算，如果双方当事人对借款利息未做约定，则按照同期银行的贷款利率计算。

第三，借款方应当归还贷款方所借本金。

应当看到尽管有上述成文法规定，但是在实践操作中，法院往往只判定借款方归还贷款本金，而并不处以罚款或者收缴利息。例如，山东省济南市历下区人民法院审理了一起企业之间非法借贷纠纷案。该案的主要案情如下：1996 年山东信龙科技实业有限公司与被告中央农业广播学校威海市分校签订了借款协议。根据该协议，信龙公司借给农广校人民币 50 万元，还款期限为 3 个月，月息为 1.5%，到期将本息 522 500 元一次性付清，逾期不还的，每拖欠一天，借款方应支付借款总额千分之三的滞纳金。信龙公司按期提供了贷款，但贷款到期后农广校并未还款，也没有支付利息，历下区人民法院判定，被告中央农业广播学校威海市分校偿还被告本金 50 万，但是该法院并未判决收缴任何利息或处以任何罚款。

尽管中国法律规定企业之间不得直接互相拆借资金签订借款合同，但是中国法律规定了一种企业之间互相融资的方式，即某一企业可以委托中国的信托投资公司，由该企业提供资金，通过信托投资公司贷款给另一家企业，这种方式称为委托贷款。委托贷款一方面将所有的贷款业务归入金融企业的经营活动中加以规范，另一方面又为企业之间互相融资提供了途径。

贷款方、信托投资公司和借款方之间的关系是，信托公司是贷款方的受托人，按照委托人的意愿，用委托人的资金，但是以信托公司的名义发放贷款。即真正的贷款企业是委托人，信托公司是受托人，两者之间是委托关系。在信托公司和借款人之间，信托公司是贷款人，其与借款人之间的关系是正常的借贷关系。委托贷款中，委托人享有很大的权利，有权指定委托贷款的对象、用途、项目、期

限、利率、受益人等，但是贷款的风险也应由委托人来承担，金融信托投资公司只负责收取手续费，而不承担任何风险。信托投资公司的手续费由委托人和信托投资公司之间商定，但是手续费每月最高不得超过所贷金额的千分之三。

三、企业与个人之间的借贷关系

除企业之间互相拆借外，企业与个人之间也时常发生借贷关系。这种情况包括两种情形：一种是企业作为借款人，向自然人筹集资金，如企业向其职工集资或者发行债券；另一种情形是企业向自然人提供贷款，最常见的是企业向其职工发放购买住房贷款、购买汽车贷款或其他种类的贷款。这种贷款行为的性质，中国法律一直没有定性。1999 年 1 月 26 日，最高人民法院发布了《关于如何确认公民与企业之间借贷行为效力的批复》，规定非金融机构的普通企业和公民之间的借贷行为不适用上述企业与企业之间互相拆借资金签订借款合同的规定。企业与自然人之间的借贷为民间借贷，只要双方当事人意思表示真实即可认定有效，公民与法人之间的借贷纠纷应当作为借贷案件受理，但是有下列情形之一的，企业和个人之间的借贷关系无效：第一，企业以借贷名义向职工非法集资；第二，企业以借贷名义向社会非法集资；第三，企业以借贷名义向社会公众发放贷款；第四，其他违反法律、行政法规的行为。

上述借贷的利率不得超过银行同类贷款利率的 4 倍（包括利率本数）。如果超过 4 倍，则超出部分的利息不予保护。对于民间借贷最主要的是利息。中国法律规定，出借人不得将利息记入本金谋取高利（通常所说的利滚利），如果发现将利息记入本金计算复利的，其利息超出银行同类款利率的 4 倍规定的限度时，超过的利息不予保护。如果借贷双方对有无约定借贷利率发生争议，又不能证明的，可以参照银行同类贷款利率计息。如果借贷双方约定了利率，但是双方对约定的利率发生争议，又不能证明的，则应当在不超过银行同类贷款利率 4 倍的限度内计算实际利息。

四、国际创客投资企业从事销售

中国法律禁止国际创客独资设立贸易公司，但是在实际操作当中，许多大跨国公司往往要求统一其在中国生产的产品的销售，因此迫切需要建立统一的分销中心。由于中国法律的限制，这种分销中心在中国的普通地区不准设立，但是在保税区中，通过变通的做法，许多外国公司已经设立了这样的分销中心。所谓保税区，是指由海关实行监管的特定地区，是设有隔离设施的实行特殊管理的经济贸易区，货物可以在保税区与境外之间自由出入，免征关税和进口环节税，免各种许可证件，免各种常规的海关监管手续，但是国家禁止进出口和特殊规定的货物除外。通俗地讲，保税区相当于在中国境内设立的境外特殊区域。

在实践操作当中，各保税区一般都允许国际创客在保税区内设立仓储企业，从事区内企业间的贸易及国际贸易。例如，美国通用汽车在上海外高桥保税区设立的通用汽车仓储贸易（上海）有限公司的经营范围如下：以通用集团生产或需要的产品为主的区内仓储、分拨业务；国际贸易、转口贸易，保税区企业间的贸易及区内贸易代理，贸易咨询服务；区内商业性简单加工；通用集团产品的区内维修、售后服务和技术支持。

严格地讲，这类公司不能从事国内贸易。但是在实践操作当中，各保税区均默许仓储型企业从事其企业所在集团本身的产品的国内贸易。如果所分销的新产品不是本集团所生产的产品，则会被视为超越经营范围，从而受到相应的处罚。但是，如果所分销的产品均是本集团企业生产的产品，则各保税区的工商局均持默许态度，上海外高桥保税区就此问题专门询问过对外贸易经济合作部和国家市场监督管理总局。对外贸易经济合作部和国家市场监督管理总局认为保税区属于特殊地区，因此中央政府机关对仓储型企业的国内贸易行为不会干涉。

随着实践的发展，一些保税区对业绩良好、无违法行为的仓储型企业给予了更加灵活的海关及其他政策，并将这种企业称为“分拨型企业”。分拨型企业是仓储型企业的一种高级形式，它在具备仓储型企业所有功能的基础上又享受了更加灵活的政策。

第二节　保护小股东的利益

国际创客投资企业中，有的股东占大股，有的股东占小股，这种情况在中外合资经营企业、中外合作经营企业、外资企业和国际创客投资股份有限公司中均可以见到。一般来讲，占大股的股东总是对国际创客投资企业具有控制权。因此，如何保护小股东的利益就成为小股东关心的一个重要问题。保护小股东的利益主要通过两种方式：一种是中国法律赋予的对小股东的保护；另外一种是通过企业章程的约定，规定一些具体的措施保护小股东的利益。

一、中国法律对小股东的保护

中国法律对小股东的保护体现在两个方面：一方面是规定国际创客投资企业的某些重大事项必须经过董事会一致通过方可作出。也就是说，如果小股东在国际创客投资企业的董事会中占有一席之地，则小股东享有对国际创客投资企业重大事项的否决权。需要经过董事会一致决定的事项在前面有关国际创客投资企业董事会的论述中已经涉及，在这里不再重复。可以看出，通过这种方式保护小股东利益的关键在于，必须保证占小股的股东在董事会中至少占有 1 位董事会名额，这是小股东在对国际创客投资企业进行投资时必须注意的事项。

中国法律对小股东的保护体现在另一方面，就是规定如果一个股东转让其全部或者部分股份，则其他股东享有优先购买权和绝对否决权。有关转股的规定在前面已经涉及，这里不再重复。

二、通过国际创客投资企业的章程保护小股东的利益

企业章程是国际创客投资企业的根本大法，国际创客投资企业的一切活动必须遵循其章程的规定。因此，小股东可以在章程中约定保护其利益的方法，首要的是规定小股东对公司重大事项的否决权。这种否决权可以通过对董事会一致决议方可决定的事项进行约定。如果小股东占有董事会的一定比例的名额，则可以按照其在董事会中所占的具体比例，确定需要超过该比例方能决定的事项。例如，如果某国际创客投资企业的董事会由 6 名成员组成，而某一小股东只占了 2 个名额，则为了保护该小股东的利益，小股东可以要求在企业章程中规定，重大事项必须由超过三分之二（不含三分之二）的董事表决方可通过。

除了对董事会表决事项进行约定外，小股东还应当注意对国际创客投资企业的实际控制权。也就是说，如果小股东任命的总经理、副总经理等国际创客投资企业的高级管理人员实际控制该国际创客投资企业的经营管理机构，小股东可以将国际创客投资企业董事会的职权规定到最低限度，而扩大经营管理机构的职权，从而达到对国际创客投资企业的实际控制。

第三节　保密

国际创客投资企业中的职工，尤其是高级管理人员及企业的董事，有可能接触到国际创客投资企业中的秘密。因此，在国际创客投资企业的经营管理中，保密问题非常重要，中国法律只是泛泛规定，董事、经理及监事除依照法律规定或者经股东会同意外，不得泄漏公司的秘密。但是，中国法律对什么是公司的秘密并未作出明确规定且上述规定只适用于企业的董事、经理和监事，而对于普通雇员则不适用。中国的《劳动法》规定，劳动合同的当事人可以在劳动合同中鉴定

保守用人单位商业秘密的有关事项。实践中，有的企业与雇员签订单独的保密协议，有的则在与雇员的劳动合同中对保密事项加以规定。在这些保密协议或劳动合同中，必须对公司应当加以保守的秘密范围做出明确界定，以免在实践中发生争议。保守国际创客投资企业的秘密包括两方面的内容：一方面是指保守国际创客投资企业的商业秘密；另一方面是指保守除商业秘密以外的其他秘密。

一、商业秘密

中国法律对商业秘密有明确定义，并且对商业秘密加以保护。商业秘密是指不为公众所知悉，具有商业价值并经权利人采取相应保密措施的技术信息和经营信息。技术信息主要是指技术诀窍、技术配方、工艺流程等；经营信息主要是指经营决策、客户名单等。由此可见，商业秘密的范围只限于技术信息和经营信息，而不包括国际创客投资企业的其他秘密。

商业秘密的构成条件：根据《中华人民共和国反不正当竞争法》(以下简称《反不正当竞争法》)，技术信息和经营信息必须具有下述四个条件，方可构成商业秘密。

（一）不为公众所知悉

不为公众所知悉，即商业秘密必须具有新颖性和秘密性。所谓新颖性，主要是强调这种信息不是本行业内普通水平的信息；秘密性则主要是强调商业秘密是少数人所知悉或者使用的。

（二）能为权利人带来经济利益

所谓能为权利人带来经济利益，是指能为权利人带来现实的或潜在的经济利益或者竞争优势。应当注意的是，这条并不限于某一信息能给国际创客投资企业带来直接或者间接的经济利益。如果某一信息虽然不能给国际创客投资企业直接或者间接带来经济利益，但是其披露会对国际创客投资企业的经济利益产生不利影响，由于这种负面影响，该秘密也可以视为符合规定。

（三）具有商业价值

商业价值是指商业秘密的客观有用性，即通过商业秘密可以为所有人创造出经济上的价值。

（四）商业秘密的持有者采取了保密措施

中国法律规定，采取保密措施，包括签订保密协议、建立保密制度及采取其他合理的保密措施。地方立法中也对不同的商业秘密的保密措施做出了相应的规定。例如，对于技术秘密，深圳经济特区规定，采取保密措施是指合法拥有技术秘密的企业与因业务需要而知悉该秘密的员工或有关人员已经签订了保密协议或者以书面形式提出了保密要求，并且已明确告知有关的职工和相关的业务人员，并且已对该秘密的存放、使用、转移等各个环节采取了有效的控制措施。

二、侵犯商业秘密的法律责任

中国法律对侵犯商业秘密规定了具体的法律责任。

（一）民事责任

中国法律规定，如果侵犯了企业的商业秘密，侵权者必须承担责任，进行损害赔偿。首先应当赔偿商业秘密持有者的实际损失，如果被侵害的经营者的损失难以计算，赔偿额为侵权人在侵权期间侵权所获得的利润，侵权者还应当承担被侵害的经营者因调查该经管者侵害其合法权益的不正当竞争行为所支付的合理费用。应当看到，在《反不当竞争法》中，损害赔偿的法律责任只适用于经营者。所谓经营者，指从事商品经营或者营利性服务的法人、其他经济组织和个人。因此，如果国际创客投资企业的某一职工泄漏了该国际创客投资企业的商业秘密，由于职工本身不构成经营者，该职工无须依照《反不正当竞争法》的规定，对被侵权的国际创客投资企业进行损害赔偿。

（二）行政责任

根据国家法律的规定，工商行政管理机关是监督检查侵犯商业秘密的行政管理机关，对于侵犯商业秘密的行为，工商行政管理机关可以责令停止违法行为，根据情节处以 1 万元以上 20 万元以下的罚款，并且对于侵权物品作如下处理：

（1）责令并监督侵权人将载有商业秘密的图纸、软件及其他有关资料返还权利人。

（2）监督侵权人销毁使用权利人商业秘密生产的、流入市场将会造成商业秘密公开化的产品，但是权利人同意收购、销售等其他处理方式的除外。中国法律还规定，对于侵权人拒不执行工商行政管理机关的处罚决定，继续实施侵犯商业秘密行为的，可以视为新的违法行为，并且应当从重处罚。

应当注意，工商行政管理机关可以调解当事人的损害赔偿问题的纠纷，但是工商行政管理机关无权作出关于损害赔偿的行政裁决，当事人可以直接向人民法院起诉，而不经过工商行政管理机关进行调解来要求侵权人赔偿其损失。

（三）刑事责任

《刑法》规定，有下列侵犯商业秘密行为之一，给商业秘密的权利人造成重大损失的，处三年以下有期徒刑或者拘役，并处或者单处罚金；造成特别严重后果的，处三年以上七年以下有期徒刑，并处罚金：

（1）以盗窃、利诱、胁迫或者其他不正当手段获取权利人的商业秘密的。

（2）披露、使用或者允许他人使用以前项手段获取的权利人的商业秘密的。

（3）违反约定或者违反权利人有关保守商业秘密的要求，披露、使用或者允许他人使用其掌握的商业秘密的。

明知或者应知前款所列违法行为，获取、使用或者披露他人的商业秘密的，以侵犯商业秘密论。

中国《刑法》当中规定的商业秘密，其定义与《反不正当竞争法》和《关于禁止侵犯商业秘密行为的若干规定》的定义基本一致。《刑法》所称的商业秘密是指不为公众所知悉，能为权利人带来经济利益，具有实用性并经权利人采取保密措施的技术信息和经营信息。

三、其他秘密

除商业秘密外，国际创客投资企业还会有其他的秘密，这些秘密的披露也可能会严重影响国际创客投资企业的利益。例如，如果国际创客投资企业的总经理有性丑闻，则该条信息的披露会严重影响该国际创客投资企业的信誉，从而影响国际创客投资企业的经济利益和其他利益。对于这些秘密，中国法律未给予充分的保护。因此，国际创客投资企业应当注意与其职工签订保密协议或者在与其职工的劳动合同中订立保密条款，并且在国际创客投资企业的企业规章制度中，制定有关保守国际创客投资企业秘密的制度。

但是应当注意，无论在劳动合同、保密协议或国际创客投资企业的内部制度中，对保密做了何种规定，如果国际创客投资企业从事了非法活动，那么这种信息任何职工都有权泄漏。因为任何公民都有举报违法行为的权利。

第四节　竞业禁止

竞业禁止有广义和狭义之分。广义的竞业禁止是指对于与特定的营业行为具有竞争性的特定的行为予以禁止的制度，禁止的个体是特定的行为，被禁止的主体不以特定人为限，不特定的人也包括在内。例如，如果某一商标或者专利进行了注册，在中国法律提供的保护期内，法律禁止一切侵犯该商标和专利的行为，而不论实施这些行为的主体资格如何。狭义的竞业禁止是指对于特定营业行为具有特定关系的特定人的行为予以禁止的制度，被禁止的主体限于特定的人，而且该特定的人需与该特定营业具有特定的法律关系，如委任关系、雇佣关系等。

国际创客投资企业的雇员利用其职务之便，从事与国际创客投资企业业务相竞争的行为已成为威胁国际创客投资企业利益的普遍现象。由于中国法律目前对竞业禁止的规定尚不完善，许多国际创客投资企业的职工，尤其是高级管理人员为了获取个人利益，通过各种方式从事与国际创客投资企业业务相竞争的行为。例如，有的高级管理人员以自己或者其亲属的名义另外设厂，从事与合资企业相同或类似产品的生产，该厂可以利用国际创客投资企业的技术和销售信息，从而排挤该国际创客投资企业，损害了该国际创客投资企业的利益。

中国法律对竞业禁止规定了基本的保护措施。《中华人民共和国中外合资经营企业法实施条例》第三十七条第四款规定："总经理或者副总经理不得兼任其他经济组织的总经理或者副总经理，不得参与其他经济组织对本企业的商业竞争。"根据对外贸易经济合作部的解释，"其他经济组织"既包括国内的经济组织，又包括国外的经济组织。也就是说，中外合资经营企业的总经理和副总经理既不得在国内的经济组织中兼任总经理和副总经理，也不得在国外的经济组织中兼任总经理和副总经理。

同样，中外合作经营企业、外资企业的总经理或副总经理也不得兼任国内或国外的其他经济组织的总经理或副总经理，不得参与国内或国外的其他经济组织对于该中外合作经营企业、外资企业的商业竞争。

第五节　转移定价

随着中国改革开放的不断深入，世界性跨国公司在中国的投资数量不断增加。因此，在某一特定的公司集团内部进行的交易数量和数额也在逐步增加。所谓转移定价，主要是指在某一集团公司内部处于不同税收法域的公司之间进行利润的分配。转移定价的主要目的是用来达到集团利润整体的最大化。如果某一集团内部有多个公司处在不同的法域中，其税收的税率和税收政策会有所不同，因此跨国公司往往将利润在这些处于不同税收法域的公司之间进行分配，使整个公司的利润最大化。在中国存在着数目众多、种类繁多的税收优惠政策，处于不同地区、属于不同行业、具有不同性质的外国投资企业可享受不同的税收优惠政策。因此，跨国公司或者在中国控制多个国际创客投资企业的投资者也可以通过转移其所控制的位于中国境内的国际创客投资企业的利润，减少整个集团应当缴纳的中国税款，从而达到利润的最大化。跨国公司还通过转移定价的方法避免或减少国际创客投资企业在中国的风险。由于转移定价可以迅速转移资金和利润，跨国公司如果认为，中国存在政治、外汇或其他风险，可通过这种办法将资金和利润转移到其认为安全的国家或地区。此外，转移定价还可以使国际创客投资企业获得竞争优势。当某一企业需要占据市场或扩大市场份额时，可以通过转移定价降低该企业的成本，增强其竞争力，最终击败竞争对手而占领市场或扩大市场份额。

一、中国法律禁止转移定价

转移定价对于跨国公司获取高额利润发挥了重要作用，而这些利益的获得会损害作为东道国的经济利益，各国法律对于转移定价均持否定态度。

目前，中国的外商投资企业的转移定价现象十分严重。针对这种情况，中国参照国际税收的通常作法对于关联企业间的业务往来，通过税收立法明确规定，外商投资企业或外国企业在中国境内设立的从事生产、经营的机构、场所与其关联企业之间的业务往来，应当按照独立企业之间的业务往来收取或者支付价款、费用。如果不按照独立企业之间的业务往来收取或者支付价款、费用，而减少其应缴税所得额的，税务机关有权进行合理调整。

具体而言，对于关联企业之间不按照独立企业间的业务往来收取或者支付价款、费用，进行有形财产的购销和使用、无形财产的转让和使用、提供劳务、融通资金等业务往来，而减少应税收入或者应纳税所得额，中国税务机关有权依法进行调查、审计并实施税收调整。这是通常所说的实施转移定价税收管理或称为实施转移定价税制。应当看到，中国对于转移定价的调整目前只局限于税法的范围，这只能防止逃税、避税。对于转移定价的转移资金等其他功能，需要由其他法律进行调整。

二、构成关联企业的八种情况

所谓关联企业，主要是指某一企业与另外一个公司、企业和其他经济组织（以下统称为另一企业）有下列关系：

第一，相互间直接或者间接持有其中一方的股份总和达到 25% 或以上的；

第二，直接或间接同为第三者所拥有或控制股份达到 25% 或以上的；

第三，企业与另一企业之间借贷资金占企业自有资金 50% 或以上，或企业借贷资金总额的 10% 是由另一企业担保的；

第四，企业的董事或经理等高级管理人员一半以上或有一名常务董事是由另一企业所委派的；

第五，企业的生产经营活动必须由另一企业提供的特许权利（包括工业产权、专有技术等）才能正常进行的；

第六，企业生产经营购进原材料、零配件等（包括价格及交易条件等）是由另一企业所控制或供应的；

第七，企业生产的产品或商品的销售（包括价格及交易条件等）是由另一企业所控制的；

第八，对企业生产经营、交易具有实际控制的其他利益上相关联的关系，包括家族、亲属关系等。

由此可见，关联企业包括以股权控制方式、合同控制方式和其他方式控制另一企业的各企业。

与关联企业相对的是独立企业。所谓独立企业之间的业务往来，是指没有关联关系的企业之间按照公平交易价格和营业常规所进行的业务往来。

三、关联交易包括四大类型

中国法律将关联企业之间的业务往来分为以下 4 大类型：

第一，有形财产的购销、转让和使用。主要包括房屋建筑物、交通工具及其设备、工具、商品（产品）等有形财产的购销、转让和租赁业务。

第二，无形财产的转让和使用。主要包括土地使用权、著作权、商标、牌号、专利和专有技术等特许权、工业外观设计或者实用新型等工业产权的所有权的转让或者使用权的提供。

第三，融通资金。融通资金主要包括企业间的各类长期和短期的资金拆借和担保、有价证券的买卖及各类计息预付款和延期付款等业务。

第四，提供劳务。所谓劳务的提供，主要包括市场调查、行销、管理、行政事务、技术服务、维修、设计、咨询、代理、科研、法律、会计事务等服务的提供等。

四、税务机关有权调整关联交易的价格

关联企业之间的业务往来，不按照独立企业原则收取或者支付价款、费用，如果造成其应纳税所得额的减少，则税务机关可以根据关联企业之间业务往来的类型、性质及税务机关对其进行审计的结果，并考虑其他相关的因素，进行适当的调整。如果不涉及或者不引起应纳税所得额减少的，税务机关有权决定对应收税款予以调整或者不予调整。但一般在实践中，税务机关的主要任务是保证国家的税收不因关联交易而减少。因此，如果关联交易不引起应纳税所得额的减少，则税务机关一般不予追究也不对应收税款加以调整。

对于有形财产的购销的关联交易，税务机关可采取下列 3 种方法来调整关联交易的价格：

（一）可比非受控价格法

所谓可比非受控价格法，是指按照独立企业之间进行相同或者类似业务活动的价格进行调整，即将企业与其他关联企业之间的业务往来价格，与该企业和其他非关联企业之间的业务往来价格进行分析、比较，从而确定公平交易价格。这里应当强调的是，可比非受控价格法，其对比的独立企业之间的交易必须是该企业亲自从事的与其他独立企业之间的交易，不能援引或参照两个第三方的独立企业之间的相同或类似业务的价格。

采用可比非受控价格法，必须考虑选用的交易与关联企业之间的交易具有可比性因素。所谓可比性因素，依照中国法律的规定包括下列 4 项：

（1）购销过程的可比性，包括交货的时间与地点、交货条件、交货手续、付款的条件、交易的次数、售后服务的时间和地点等；

（2）购销环节的可比性，主要包括出厂环节、批发环节、零售环节和出口环节等具有可比性；

（3）所涉及的货物的可比性，包括货物的品名、品牌、规格、型号、性能、结构、外形、包装等各项指标；

（4）购销环境的可比性，主要包括社会环境（如民族风俗、消费者的偏好等）、政治环境（例如市场所在的政局的稳定程度等）、经济环境（例如财政、税收、外汇政策等）。

税务机关在考虑上述因素时，一般是综合考虑，但是如果上述的某项指标严重不一致则不能作为相同或者类似交易进行比较。

（二）再销售价格法

再销售价格法是指按照再销售给无关联关系的第三者价格所应取得的利润水平进行调整。这里所谓再销售也是指该国际创客投资企业进行了再销售，而不能援引其他第三方进行的再销售。用这种方法，对关联企业的买方，将从关联企业的卖方购买进的商品或产品再销售给无关联关系的第三者所取得的销售收入减去关联企业中买方从非关联企业购进类似商品或产品再销售给无关联关系的第三者时所发生的合理费用和按照正常的利润水平计算的利润后的余额，为关联企业中卖方的正常销售价格。

应当注意，采用这种方法，销售者应当没有对所转售之商品进行任何加工，该商品的价值没有增加。也就是说，该转售应当是简单再转售。如果是因为简单加工而没有使该商品的价格有实质性地增加，也可以运用该方法，同时必须要合理地选择确定再销售者应取得的利润水平，以确定调整的价格。

（三）成本加成法

所谓成本加成法，即按照成本加上合理的费用和利润进行调整，也就是说将关联企业中卖方的商品（产品）的成本加上正常的利润作为公平交易的价格。采用这种方法很明显，其选择的成本利润率必须合理公平，同时应注意，对于各项成本费用的计算，必须符合中国会计法和税法的有关规定。

如果上述三种方法均不能确定调整的数额，则税务机关可以采用其他合理的方法作为替代进行调整。这些合理的方法包括可比利润法、利润分割法、净利润法等，经企业申请，主管税务机关批准，也可以采用预约定价方法。如果企业不能提供准确的价格、费用等资料，则税务机关还可以采用核定利润率的方法进行调整。采用其他合理方法时，税务机关应注意的关键是，该方法的合理性及方法的使用条件对其他类型的关联交易，中国法律也规定了相应的调整方法。如果税务机关对国际创客投资企业的转让定价进行了调整，该国际创客投资企业必须进行相应的账务调整。如果企业不做相应的账务调整，其关联方取得的超过没有关联关系所应取得的数额部分，视同股息分配，并且该股息不享受《中华人民共和国外商投资企业和外国企业所得税法》第十九条所规定的免征所得税的优惠，必须照章缴纳企业所得税。其关联方所取得的所得如为利息、特许权使用费等，不得调整已扣缴的预提所得税。也就是说，对超出部分，会出现双重征税的现象，一方面，利润转出的企业应当就该转出部分的利润缴纳企业所得税；另一方面，对于转入利润的企业所取得的转入利润部分，则应按股息收入缴纳企业所得税，或按利息特许权使用费缴纳预提税。

五、国际创客投资企业有义务向税务机关主动汇报

如果某一国际创客投资企业与另一企业构成了关联企业，则其应当在纳税年度终了后 4 个月内向主管税务机关报送《中华人民共和国国家税务总局外商投资企业和外国企业与其关联企业业务往来情况年度申报表》。如果某国际创客投资企业在某一纳税年度内与两家或者两家以上的关联企业发生业务往来，则应当分别填写申报表。申报表分为两种，一种是申报表 A，一种是申报表 B。按照中国法律规定，申报表 A 是适用于业务往来类型和内容单一的企业，申报表 B 适用于业务往来类型和内容多样的企业。但是在实际操作中，表 A 适用于从事一次性的关联交易，而多次重复的关联交易应当填写表 B。应当注意的是，表 A 和表 B 均是按年度申报而不是按每笔交易申报。中国法律允许国际创客投资企业经税务机关批准，在不超过 30 天的期限内，适当延长其报送表 A 和表 B 的时间。如果企业未按照规定的期限报送申报表，则主管税务机关有权责令限期申报，并处以 2 000 元以下的罚款；如果超过税务机关责令的期限仍不申报的，可处以 2 000 元以上 10 000 元以下罚款。上述罚款并不影响税务机关对国际创客投资企业进行审计，调查并调整企业关联交易额。

六、税务机关有权对国际创客投资企业进行审计

（一）审计方法

税务机关的审计方式分为两种，一种叫案头审计，一种叫现场审计。所谓案头审计，是指在现场审计之前，审计人员对被审计的企业及其关联企业进行综合性的分析，全面熟悉被审计企业的生产经营活动内容、方式、收入的确定、财务的核算、定价的方式、纳税等情况。在进行案头审计时，审计人员有权向被审计的企业调阅各种档案资料。所谓现场审计，是指审计人员对企业的申报资料和价格、费用标准等进行案头审计时难以查清的问题，派人直接深入企业进行现场查问取证，对企业的管理部门、车间、仓库进行实地查看，审查账册、凭证、购销

合同等有关资料，听取企业有关人员的情况介绍和问题解释。中国法律规定，参加现场审计的人员必须是两人或者两人以上并应出示《税务检查证》，并且应当提前3～7天将审计的时间、地点和内容函告企业。在实践操作过程中，国际创客投资企业应要求查阅税务审计人员的证件，以免受骗上当。在实际操作中，经常出现某些不法分子利用税务机关的名义或者是某些税务机关的工作人员利用其单位的名义对国际创客投资企业进行审计以诈取钱财。除上述两种审计方法之外，中国法律还规定了不同地区的税务机关互相配合进行异地调查的规定。

（二）审计对象的选择

税务机关根据企业报送的资料进行案头审计后，按照下列标准确定重点审查对象。确定重点审查对象后，其实际调查的面一般不应当少于被选定的重点调查对象的30%，选择重点调查审计对象的原则如下：

（1）生产、经营管理决策权受关联企业控制的企业。

（2）与关联企业业务往来数额较大的企业。

（3）连续亏损两年以上的企业。

（4）长期微利或长期微亏却不断扩大经营规模的企业。

（5）跳跃性盈利的企业，如隔年盈利或亏损，违反常规获取经营利益的企业。

（6）与设在避税港的关联企业发生业务往来的企业。

（7）同本地区同行业的平均利润相比，其盈利水平低的企业。

（8）与集团公司内部之间的关联企业相比，其利润率相对低的企业。

（9）巧立名目，向关联企业支付各项不合理费用的企业。

（10）法定减免税期期满，利润陡降进行避税的企业及有其他避税嫌疑的企业。

七、预约定价

所谓预约定价，是指如果关联企业之间存在业务往来，允许一个企业提出其关联企业之间的交易转让定价的原则和计算方法，经主管税务机关论证确认后，据以核算企业与关联企业之间交易的应纳税所得额或者确定合理的销售利润率区间。中国法律已经规定，凡采取预约定价方法的，应由企业提出申请，并提供有关的资料，同时填写《预约定价确认申请表》，经主管税务机关审查批准后，应与企业签订预约定价协议，并监督协议的执行。在实践操作当中，预约定价的申请必须向省级的税务机关提出，经省级税务机关审核后，报国家税务总局最后批准，在实践操作中已经有了国际创客投资企业申请预约定价的例子。

第九章 国际创客创业投资案例解析

案例一 国际创客创业注册公司

国际创客艾玛来自也门，2010 年来到中国义乌某高校学习，在慢慢熟悉义乌市场以后，他发现了巨大的商机，于是与朋友共同创立了一家外贸公司。艾玛说，创业之初非常艰难，好在义乌对国际创客创业的政策非常好，但苦于自己根本不了解中国设立公司的法律法规知识，更不知道如何注册公司，因此仅仅如何注册公司他就费了九牛二虎之力，最终在中国朋友的帮助下，跑了多个相关部门咨询政策和操作流程等，耗时半年多才注册成功。

案例问题解析：国际创客创业注册公司的流程是怎样的？

国际创客在中国注册公司的性质是国际创客投资企业（国际创客独资公司），当然也可以和中国人一起合资做中外合资公司和中外合作企业。 设立国际创客投资企业，外资公司办理流程一般要经过以下步骤：

一、办理依据

办理依据包括《中华人民共和国公司法》《中华人民共和国公司登记管理条例》《中华人民共和国行政许可法》《中华人民共和国中外合资经营企业法》《中华人民共和国中外合作经营企业法》等。

二、办理需提交的材料

（1）拟任法定代表人签署的《外商投资的公司设立登记申请书》。

（2）审批机关的批准文件（批复和批准证书副本）。申请人应自收到批准证书之日起 90 日内到登记机关办理登记注册手续；以中外合作、国际创客合资、国际创客独资形式设立公司的，申请人应自收到批准证书之日起 30 日内到登记机关办理登记注册手续；募集方式设立的股份有限公司公开发行股票的，还应提交国务院证券监督管理机构的核准文件原件或有效复印件。

（3）公司章程。章程需投资各方法定代表人或其授权人签字、盖章的原件，投资者为自然人的由本人签字。提交的公司章程应与审批部门批准的相一致。

（4）《名称预先核准通知书》。《名称预先核准通知书》应在有效期内，且内容与拟设立公司申请的相关事项吻合。

（5）投资者的主体资格证明或自然人身份证明。中方投资者应提交由本单位加盖公章的营业执照 / 事业单位法人登记证书 / 社会团体法人登记证 / 民办非企业单位证书复印件作为主体资格证明；外国投资者的主体资格证明或身份证明应经其本国主管机关公证后送我国驻该国使（领）馆认证。如其本国与我国没有外交关系，则应当经与我国有外交关系的第三国驻该国使（领）馆认证，再由我国驻该第三国使（领）馆认证。某些国家的海外属地出具的文书应先在该属地办妥公证，再经该国外交机构认证，最后由我国驻该国使（领）馆认证。香港、澳门和台湾地区投资者的主体资格证明或身份证明应当按照专项规定或协议依法提供当地公证机构的公证文件。

（6）董事、监事和经理的任职文件及身份证明复印件。此项包括董事长、监事会主席、职工代表监事的任职文件。董事、监事和经理的产生应符合公司章程的规定。

（7）法定代表人任职文件和身份证明复印件。法定代表人的产生应符合公司章程的规定。

（8）依法设立的验资机构出具的验资证明。此项适用于股份有限公司和金融、证券、保险类公司及基金管理公司等在设立时，依法应当一次性缴付全部出资的其他类型有限公司。

（9）股东首次出资是非货币财产的，提交已办理财产权转移手续的证明文件。此项适用于股份有限公司和金融、证券、保险类公司及基金管理公司等在设立时，依法应当一次性缴付全部出资的其他类型有限公司。

（10）公司住所证明。自有房产提交产权证复印件，并提交原件核对；租赁房屋提交租赁协议原件及出租方的产权证复印件，以上不能提供产权证复印件的，提交能够证明产权归属的其他房屋产权使用证明复印件。出租方为宾馆、饭店的，还应提交宾馆、饭店的执照复印件。房屋的使用权证明不是房产证的，应提交以下房屋使用权证明：房屋所在地乡镇以上政府出具的产权归属证明的原件。住所应当使用房屋产权证明上的地址，房屋产权证明文件和其他申请材料中关于住所地址门牌号应一致。如果房屋产权证明文件与申请的住所地址表述不一致的，应提交对住所所在地重新命名或更改地名的相关证明，如地名办证明、当地派出所证明、当地政府文件等；如果住所的房屋系租赁使用，租赁合同中的出租方名称与房屋产权证明上名称不一致的，应要求提交出租方名称改变或延变的证明文件；如果租赁合同为转租合同，应提交房屋产权人同意转租的相关证明；房屋产权有共有人的，出租合同应有共有人共同签字或提交共有人同意出租给公司作为住所使用的证明。企业将住宅改变为经营性用房的，还应当提交《住所（经营场所）登记表》《关于同意将住宅改变为经营性用房的证明》。

（11）创立大会的会议记录。此项仅适用于以募集方式设立的股份有限公司。

（12）前置审批文件或证件。此项适用于经营范围中有法律、行政法规和国务院决定规定必须在登记前报经批准的项目的国际创客投资的公司。

（13）法律文件送达授权委托书。此项由外国投资者（授权人）与境内法律文件送达接受人（被授权人）签署。该委托书应当明确授权境内被授权人代为接受法律文件送达，并载明被授权人地址、联系方式。被授权人可以是外国投资者设立的分支机构、拟设立的公司（被授权人为拟设立的公司的，公司设立后委托生效）或者其他境内有关单位或个人。

（注：以上文件除标明复印件外，应提交原件。以上所提交的文件若用外文书写，需提交中文译本，并加盖翻译单位印章。）

三、办理程序

公司提交股东身份证明原件办理名称核准（当天领取《企业名称预先核准通知书》）—公司按要求备齐资料—工商受理人员初审—工商审核人员核准—核发营业执照。

四、办理期限

对申请材料齐全，符合法定形式的，自收到《受理通知书》之日起 3 个工作日后领取营业执照。

五、收费标准

免收费。

案例二 百万货款无着落 诉调对接巧解决

3年前，苏丹商人AWOUDA在义乌国际商贸城市场订了一批货，货物价值达上千万元，涉及数十个市场经营户。后由于苏丹国内形势变化、货物贬值等因素，苏丹商人AWOUDA出现巨额亏损，无法支付货款。经3年讨要无果后，其中14名经营户诉至法院，讨要货款。该14名经营户共涉及货款100余万元。由于纠纷数额较大，涉及人数较广，执行较为困难，加之纠纷属涉外纠纷的特殊属性，2018年6月26日，义乌市人民法院依照义乌市涉外纠纷诉调对接中心诉调对接流程的相关要求，对案件进行诉中委托调解。调解过程由司法所主持，法官全程参与，严格依照诉中委托调解程序开展，树立调解严肃性，保证调解有序性。双方各自阐述观点。14名商户要求国际创客明确付钱时间，因为事情一拖再拖，他们无法信任国际创客。而国际创客则表示自己目前还在继续开展业务，但盈利需要时间，他无法给出明确答复。双方意见不一致，调解员决定分开进行调解，首先要明确商户要求，根据商户要求再单独与国际创客进行商谈。

因经营户涉及14人，人数较多，需要达成一个统一的意见，这是调解的关键。调解员根据涉及数额的多少进行分类，先听取数额较大的几个经营户的意见，统一他们的意见后再与其他几个经营户进行交流。因该纠纷的主要焦点在于货款能否支付及如何支付的问题上，为此在调解过程中，调解员对商户进行思想上的开导，要求商户摆正心态，预想最差的情况是无法拿到货款，而相比较而言，目前货款至少有希望追回一部分。经营户在调解员的劝说下，放下了调解之初的紧绷态度，使调解可以进一步继续，纷纷表示只要货款可以追回，愿意给国际创客一定的时间。但因人数众多，众口难调，有个别经营户提出其他的意见。调解员在此情形下转变调解方式，对有不同意见的经营户进行个别处理，而对达成一致意见的经营户则继续开展下一步调解。

之后，调解员找个别不同意见的经营户单独谈话，了解他们的顾虑和想法，并希望可以给予调委会还有法院以信任，能给他们尽最大可能挽回损失。在调解员的细心劝导下，个别不同意见的经营户也同意了之前的方案。

下一步，调解员单独找国际创客AWOUDA了解情况，让国际创客将自己的情况和顾虑一次性说出，国际创客表示自己之前一直在义乌做外贸生意，信誉也一直都不错，只是由于经营不善才会欠下如此多的货款，自己也愿意偿还所欠货款，目前已重新开始经营外贸生意，但尚在起步阶段，营业能力有限。如果只需付这 100 多万货款，可以给予明确的时间和答复，但他在义乌市场共欠下 1 000 余万货款，一时难以全部偿还。调解员在了解了其内心真实想法后，知道国际创客最大的顾虑在于无法短期偿还 1 000 余万货款。因此，调解员找到一条折中的解决方案，所有欠款依照起诉顺序分批次偿还，未起诉的经营户前来讨要货款的告知其现行起诉，由法院统一安排调解。目前，现行解决这 100 多万货款的支付方式，其余 900 多万货款根据起诉时间依次延后支付。这个方案给予国际创客足够的缓冲期，打消了国际创客的顾虑。但同时，调解员要求国际创客给予确切的支付期限和支付方式，并能够确保履行，如若不能履行则法院将采取强制手段。国际创客听取调解员的意见后，表示分 5 期支付，每半年为一期，每期各付 20%。

调解员将调解意见告知 14 名经营户，经营户对支付方式表示同意，但仍有顾虑，害怕国际创客逃离出境，这样协议照样无法履行。对此，法院表示国际创客在法院有未履行完成的案件，已列入限制出境的名单范围内，在协议未履行完毕的情况下不准予离境。最后，经营户与国际创客达成协议，国际创客从协议签订之日起每半年履行诉讼总货款的 20%，共分 5 期支付。

协议签订之后，法院当场出具民事调解协议书，提高了协议书的法律效力。当事人只需一次在义乌市涉外纠纷诉调对接中心解决后续法律问题，不用再跑法院办理相关程序。

案例问题解析：投资过程中出现拖欠货款不偿还的情况怎么办？

在企业正常的经营活动中，经常会出现商家拖欠货款或相关的货款纠纷，这些纠纷基本上每家企业都遇到过，有的企业就顺利地进行了解决，而有的企业却造成了坏账，直接影响了企业的生存能力。那么，商家拖欠货款不还怎么办？面对类似的货款纠纷，我们该怎么做呢？

一、货款纠纷诉讼时效、拖欠货款的诉讼时效是多长时间

第一，拖欠货款的诉讼时效为两年。

第二，已注明履行清偿货款日期的欠条，诉讼时效期限从注明清偿货款日期之日起算。

第三，未注明履行清偿货款日期的欠条，诉讼时效期限从欠款人出具欠条的次日起算。

第四，对已经超过货款纠纷诉讼时效期限的欠条，欠款人又重新打欠条的，诉讼时效期限重新开始起算。

二、拖欠货款违约金、拖欠货款的利息该怎么算

第一，当事人不仅有权要求返还货款，还有权要求被告偿还拖欠货款利息。

第二，代理律师通过查阅几年来各个时期的金融存款利率，科学、准确地为当事人计算出利息的具体数额。

第三，主张偿还利息并不难，困难在于面对时常上下浮动的存款利率，如何有理有据地准确计算出所要求偿还拖欠货款利息的具体数额。

第四，代理律师凭着一丝不苟的精神，经过精确计算和校验，最终为当事人提出了具有法律依据且准确科学的拖欠货款利息偿还数额。

三、如何追讨货款，恶意拖欠货款怎么办，客户拖欠货款怎么办

第一，在代理律师接受委托代为追讨货款期间，当事人未经代理律师同意不得撤回委托。

第二，当事人擅自撤回委托的，当事人应赔偿代理律师为追讨货款实际支付的费用及期待利益损失，包括但不限于代理律师在当地合作代理律师事务所或追债机构实际支出的费用。

第三，代理律师可以采取电话追讨、函件追讨、出具代理律师函、诉讼、仲裁等方式帮助当事人追讨货款。

第四，具体追讨方式的采用由当事人根据标的额的大小、证据的完善程度、货款拖欠时间等案件具体情况自行决定。

第五，无论代理律师采用何种方式追讨货款，当事人都应积极配合代理律师追讨。

第六，当事人应在代理律师的指导下，收集、整理涉案证据。

四、收不到货款怎么办，客户不给货款怎么办，货款多次催收要不回来怎么办

（一）应收货款的处理方法

（1）检查销售资料（收货单据、发票等）是否齐备，内容是否准确无误。

（2）准时给予文件，其实越早给经销商发票，货款回收可能越早，同时要确认经销商收到发票。

（3）完善客户跟进制度：客户接触率与成功回收率是成正比的，越早与客户

接触，与客户开诚布公地沟通，被拖欠的可能性越小。

（4）定期探访：如客户到期付款，应按时上门收取货款，或电话追讨；即使是过期一天，也应马上追讨，不应有等待的心理。

（5）建立形象：客户是需要教育的，一定要给予客户一个正确的观念，即我们对所有货款都是非常严肃的，是不能够容忍被拖欠的。

（6）服务精神：认同及理解客户的困难和投诉，同时可以利用自身的优势帮助客户解决困难。

（7）技巧训练：追讨货款是需要技巧的，如电话技巧、上门拜访技巧，还应了解客户的经营状况、财务状况、个人背景等资料。

（二）已被拖欠货款的处理方法

（1）文件：检查被拖欠货款的销售文件是否齐备。

（2）收集资料：要求客户提供拖欠货款的原因，并收集资料以证明其正确性。

（3）追讨文件：建立货款催收制度。根据情况发展的不同，建立 3 种不同程度的追讨文件——预告、警告、律师函，按情况及时发出。

（4）最后期限：要求客户了解最后的期限及其后果，让客户了解最后期限的含义。

（5）行动升级：将货款交予较高级的管理人员处理，将压力提升。

（6）起诉：成立公司内部的法律部，以法律部的名义发出催收欠款律师函，警告容忍已经到最后期限。

（7）调节：使用分期付款、罚息、停止数期等手段分期收回货款。

（8）要求协助：使用法律维护自己的利益。

（三）对于呆、死账的处理方法

（1）折让。

（2）收回货物。

（3）处理抵押品。

（4）寻求法律协助。

（5）诉讼保全。

商家拖欠货款不还怎么办？综合来看，如果商家拖欠您的货款，您可以先与客户协商追回，若客户执意赖账，您可以寻求法律途径解决，准备好相关资料起诉商家。但是需要注意的是，拖欠货款的诉讼时效为两年，所以出现拖欠货款的情况一定要及时处理解决，以免给企业带来不必要的运营阻碍。

案例三　计算标准不同引纠纷　专业调解化纷争

2018 年 3 月 24 日，义乌市某进出口有限公司到义乌市某纸业有限公司订购纸卡，双方约定以吨为计算单位，分别订购灰板（单价 3 600 元 / 吨）26 吨、铜卡（单价 6 100 元 / 吨）15 吨、白卡（单价 5 800 元 / 吨）11 吨。后铜板 26 吨于 2018 年 4 月 23 日装柜，过磅（加包装）为 27.19 吨。后于 2018 年 4 月 28 日将白卡和铜卡共计 26 吨进行装柜，过磅（加包装）仅 23.43 吨，少装了 3.76 吨。后双方多次交涉赔偿事宜，均未达成协议，义乌市某进出口有限公司遂起诉至义乌市人民法院。义乌市人民法院根据义乌市涉外纠纷诉调对接中心工作流程，确认此案适用诉前引调模式，委托义乌市涉外纠纷人民调解委员会进行调解。义乌市涉外纠纷人民调解委员会于 2018 年 7 月 11 日组织双方进行调解。

调解当天，外贸公司老板利比亚籍客商阿里及纸业公司负责人陈某参与调解。在调解过程中，双方各自陈述了纠纷事实。国际创客阿里认为，他们订购商品时是以吨作为计算单位的，第一批货重量没有问题，26 吨的卡纸加上包装有 27.19 吨，而第二批货加上包装重量只有 23.43 吨，比第一批货少了 3.76 吨。因为他提供的货物的数量少了太多，客人很不满意，客人不但提出赔偿，而且中断了与公司的合作，导致公司损失较大。公司提出与对方商谈赔偿事宜，但对方态度恶劣，不愿参与协商，所以公司决定走法律途径解决，现在要求对方赔偿 23 000 元货款。但陈某认为对方的计算方式是错误的，虽然订单上是以吨为计算单位，但实际上是按照纸张的数量来计算，供应方交付的纸张的数量是正确的，所以不需要承担损失，而且就算是按照重量来计算，在 10% 以内的都是合理误差，因此无须承担任何损失。

听完双方陈诉，调解员认为双方之所以产生纠纷，关键在计算方法存在差距，而双方的计算方法都是错误的。此次案件的调解员学的是印刷专业，对印刷行业比较了解，调解员运用其自身的专业知识指出制纸业的国家标准是以重量为单位的，上下误差在 4% 以内均为合理误差。故陈某所说的按照纸张数量来计算是错误的，而国际创客阿里所说的 3.76 的数量也是计算错误的。算上包装重量，实际的误差在 2 吨左右。在此次交易过程中，双方均有过错，供应方在出厂时没有对纸卡进行过磅，而采购方也没有在收货前提前过磅计算总体重量。故希望双方各自承担部分损失，及早化解纠纷，也为日后合作打下基础。

双方在听完调解员的解说后，表示同意调解员的意见。供货方义乌市某纸业有限公司愿意承担2吨的货款差价约13 000元给义乌市某进出口有限公司，此事就此终结，双方今后还将继续开展合作。此次纠纷的产生主要是双方计算方法不统一，而调解员充分运用专业知识，运用国家行业标准明确此次纠纷的计算标准，最终成功化解纠纷。

在贸易纠纷中会遇到不同领域的专业知识，因此在调解过程中调解员也要熟练掌握相关贸易常识，更好地化解纠纷。调委会也可吸纳相关专业的调解员参与调解，提高纠纷化解率。

案例问题解析：在经营贸易过程中出现纠纷怎么办？

解决经济纠纷的途径和方式主要有仲裁、民事诉讼、行政复议、行政诉讼。

（1）仲裁是指由双方当事人协议将争议提交具有公认地位的第三者，由该第三者对争议的是非曲直进行评判并作出裁决的一种解决争议的方法。仲裁异于诉讼和审判，仲裁需要双方自愿，也异于强制调解，是一种特殊调解。仲裁是自愿型公断，区别于诉讼等强制型公断。

（2）民事诉讼是指公民之间、法人之间、其他组织之间及他们相互之间因财产关系和人身关系提起的诉讼。或者说，民事诉讼是指人民法院、当事人和其他诉讼参与人，在审理民事案件的过程中所进行的各种诉讼活动，以及由这些活动所产生的各种关系的总和。

（3）行政复议是指公民、法人或者其他组织认为行政主体的具体行政行为违法或不当侵犯其合法权益，依法向主管行政机关提出复查该具体行政行为的申请，行政复议机关依照法定程序对被申请的具体行政行为进行合法性、适当性审查，并作出行政复议决定的一种法律制度 。

（4）《中华人民共和国行政诉讼法》第四条规定："人民法院依法对行政案件独立行使审判权，不受行政机关、社会团体和个人的干涉。"该法的上述规定确立了人民法院对行政案件的依法独立行使审判权的原则。这一规定，也是《宪法》第一百二十六条、《中华人民共和国人民法院组织法》第四条有关规定在行政诉讼中的具体化，行政诉讼活动必须遵循。

案例四　酒店投资案例

2013年5月，某公司与印度某有限责任公司商议成立一家中印合资企业，印度方先提出了合资企业的协议草案。草案中有下列条款。

第二条：合资企业的组织形式为有限责任公司。

第五条：公司的注册资本为200万元。外方出资100万元，以货币和工业产权出资，其中工业产权作价为80万元。

第六条：双方在公司成立后分期缴付出资。第一期出资必须在3个月内缴纳，并且不能少于认缴出资额的15%。

第七条：双方都可以减少注册资本或向第三者转让出资，转让出资协议经双方签字即生效。

第十一条：公司设股东会为最高权力机构，董事会为执行机构。

第十八条：本合同发生争议，适用中华人民共和国或者印度法律。

中方看了草案后，认为其中多处不符合法律规定，必须进行修改。印度方则坚持草案没有违法，双方发生了争执：

（1）合资公司是中国企业，只能适用中国法律，应该按照《中华人民共和国公司法》（以下简称《公司法》）的规定来签定协议。草案中关于工业产权的出资比例、公司缴纳出资的期限及法律适用等条款都是违反《公司法》的。

（2）合资企业合同是涉外经济合同，既可以适用中国的法律，也可以适用外国的法律；即使适用中国法律，也应当适用《中华人民共和国中外合资经营企业法》（以下简称《合资企业法》）。按照《合资企业法》的规定，草案并没有违法，因为《合资企业法》对企业的工业产权出资并未作限制性规定，而且该法确实规定合营各方在企业成立后才缴纳出资，可以分期缴纳。

案例问题解析：中外合资企业应当适用什么法律?

本案争议的焦点是中外合资企业应当适用什么法律，以及我国《公司法》的适用范围。

首先，合资企业合同确实是涉外经济合同，但这是一种特殊的涉外经济合同，中外双方签订合同的目的不是进行一般的交易，而是建立一个新的企业。建立新企业应当适用哪国的法律是由该企业的国籍决定的。在判定企业国籍的问题上，我国采用的是设立地主义，即企业在哪国得到批准或核准登记，就具有哪国的国籍。中外合资企业是经中国政府批准，在中国境内注册并开展经营活动的中国法人，其合法经营活动受中国法律保护，其也必须遵守中国的法律、法规、法令和条例，服从中国政府有关部门依法进行的管理和监督。根据《合同法》第一百二十六条的规定，中外合资企业合同只能适用中国法律。因此，在这一问题争议中中方的意见是对的，草案的第十八条应改为“本合同发生争议，适用中华人民共和国法律”。

其次，我国《公司法》对作为中国法人的中外合资有限责任公司当然有效，但为了维持对国际创客投资企业政策的稳定性和连续性，《公司法》又规定凡是国际创客投资企业法有不同于《公司法》的规定的，适用国际创客投资企业法。本案所涉及的《公司法》与《合资企业法》的不同规定主要有以下几方面：

第一，关于工业产权出资的比例问题。《公司法》明文规定不能超过注册资本总额的20%，国际创客投资企业法则没有明文规定，所以应当适用《公司法》。本案中欲成立的中外合资企业的注册资本总额是200万元，工业产权出资不能超过40万元，中方的意见是对的；如果有限责任公司属于高新技术企业，经过批准，工业产权出资可以超过此比例。

第二，关于缴纳出资的期限问题。《公司法》规定公司的注册资本是实收资本，要缴足出资公司才能成立。而《合资企业法》及《中华人民共和国中外合资经营企业法实施条例》（以下简称《实施条例》）则规定中外合资企业成立以后再缴纳出资，可以在6个月以内一次缴清，也可以分期缴纳；分期缴纳的，第一期出资必须在3个月以内缴清，并且不能少于认缴的出资额的15%。因此，本案中印度方的意见是对的。但是，草案关于这个问题的条款还不够完善，因为我国法律还规定了分期缴纳出资的中外合资企业最后缴清出资的期限，本案拟成立的公司属于50万美元以下注册资本的，应在营业执照签发之日起1年内全部缴清出资，这点应补充在公司协议中。

第三，关于注册资本减少和转让的问题。《公司法》，股东向股东以外的人转让出资时，经全体股东过半数同意即可。根据《合资企业法》及其《实施条例》，合资企业的注册资本不能减少，还规定合营一方向第三者转让出资时须经合营他方同意，并经审批机构批准。因此，本案中中方的意见是对的。

第四，关于公司的内部管理机构设置问题。中外双方虽然没有对此发生争议，但是两部法律对此问题的规定也是不同的。根据《公司法》，公司应当设立股东会、董事会或执行董事、监事会或监事；股东会为公司最高权力机构，董事会为股东会的执行机构。根据《合资企业法》，合资企业可以不设股东会和监事会，董事会为公司最高权力机构。

最后，两部法律在注册资本管理和利润留成方面还有不同之处，如《公司法》对有限责任公司股东间的出资比例没有明确的规定，根据《合资企业法》，外国投资者的投资比例一般不低于25%；《公司法》规定了有限责任公司注册资本的最低限额，而《合资企业法》则没有明确规定。又如，根据《公司法》，公司在利润分配以前，先要提取公积金和公益金，法定公积金的比例为10%，累计达到注册资本总额的50%时可以不再提取；法定公益金的比例为5%～10%。根据《合资企业法》，合资企业在分配利润以前，先要提取储备基金、发展基金和奖励福利基金，但对这些基金的比例则没有具体的规定。

案例五　国际创客转股、欠资的责任

2014 年 7 月，某乡镇企业（以下简称“甲方”）与一外国公司（以下简称“乙方”）签订了合资经营汽车配件有限公司（以下简称“合资企业”）的合同。2014 年 9 月，相关部门审批机构批准了该合同，合资企业注册登记后开始营业。

甲、乙双方曾在合同中约定，合资企业的注册资本为 300 万元，双方各出资 50%，必须在公司成立后 3 个月内一次缴清。但是，到期双方都未缴纳出资。2014 年 12 月，公司举行董事会，决定年底一定要缴清出资。到了年底，甲方缴清了 150 万元出资，但乙方只缴了 30 万元。第二年 2 月初，甲方催告乙方，必须在 1 个月内缴清出资，否则将视其放弃在合资企业的一切权利，自动退出合营企业。乙方接到催告后，立即致函甲方，表示其在境外经营的企业失利，无力继续缴纳出资，但也不愿退出合资企业，希望改变双方的出资比例，将其尚未缴纳的份额转让给甲方。甲方回函其无意追加投资，要求乙方还是按约缴清出资。这样，乙方在 2 月底又缴纳了 45 万元，并要求将其余出资的期限再延长 1 年，甲方不同意。

2015 年 3 月，乙方提出退出合资企业，将自己在合资企业已经缴纳的出资全部（占合资企业注册资本的 25%）作价 90 万元，转让给甲方或者第三者。此时，甲方有意受让乙方的股权，但认为乙方要价太高，几次协商不通，转让没有成功。后经人介绍，乙方与广东某开发公司（以下简称“丙方”）达成以原投资额（75 万元）为价格转让股权的协议，并上报了有关审批机构。甲方得知此事后，认为乙方无权以低价向第三者转让出资，即与乙方和丙方进行交涉，要求解除它们之间的转让协议，由自己以同等条件承让乙方的股权。三方遂发生争议：

（1）甲、乙双方都未按时缴纳出资，不存在由谁承担违约责任的问题。

（2）乙方没有按时缴纳出资，应当补缴拖欠的 75 万元，并向甲方支付违约金。

（3）乙方没有按时缴纳出资，甲方只能要求其补缴出资并承担违约责任，不能视其退出合资企业。

（4）乙方出资实在有困难，可以与甲方协商延长出资期限，只要在分配利润时按照双方的实际出资比例分配就可以了。

（5）乙方与丙方的转让协议无效，乙方只能以原来向甲方提供的报价 90 万元进行转让。如要低价转让，则甲方享有优先受让权。

（6）该企业的股权转让合同是丙方和乙方之间的合同，不必经过甲方同意。

案例问题解析：本案涉及的是合资企业的出资管理及股权转让问题。

第一，《中外合资经营企业法实施条例》第二十八条规定："合营各方应当按照合同规定的期限缴清各自的出资额。逾期未缴或者未缴清的，应按合同规定支付迟延利息或者赔偿损失。"本案的双方在合资企业成立 3 个月时都没有缴纳出资，大家都违约了。但是，12 月份的董事会议可以看作对合资企业缴纳出资期限问题的修改。至年底，甲方缴清了全部出资，乙方只缴了一部分，因此乙方违约了，应该承担违约责任。

第二，乙方向谁承担违约责任则要看追究违约责任时合资企业是否还存在。合资企业是一个独立的主体，其一旦成立，就是独立于中外双方的法人。投资者缴纳出资，是对合资企业尽义务；不按期缴付或缴清出资，是对合资企业造成损害，当然也会对另一方合营者造成损害；违约方对合资企业承担责任，实际上也补偿了合营另一方的损失。根据《实施条例》的规定，合营一方不履行合营企业合同规定的义务，应对合营企业由此造成的损失负赔偿责任。所以，本案中的乙方应对合资企业承担违约责任。但如果乙方因拖欠出资而退出合资企业，合资企业不复存在了，乙方当然只能向甲方承担违约责任了。

第三，《中外合资经营企业合营各方出资的若干规定》第七条规定："合营一方未按照合营合同的规定如期缴付或者缴清出资的，即构成违约。守约方应当催告违约方在 1 个月内缴付或者缴清出资。逾期仍未缴付或者缴清的，视同违约方放弃在合营合同中的一切权利，自动退出合营企业……守约方可以依法要求违约方赔偿因未缴付或者缴清出资造成的经济损失。"由此可见，本案中甲方在 2015 年 3 月对乙方的催告是有法律依据的。

第四，为了加强对国际创客投资企业出资的管理，国家行政管理部门又对分期缴纳出资的总期限作出了补充规定，其中注册资本在 50 万美元以下（含 50 万美元）的，自营业执照核发之日起 1 年内，应将资本全部缴齐；注册资本在 50 万美元以上、100 万美元以下（含 100 万美元）的，自营业执照核发之日起 1 年半内，应将资本全部缴齐；注册资本在 100 万美元以上、300 万美元以下（含 300 万美元）的，自营业执照核发之日起两年内，应将资本全部缴齐；注册资本在 300 万美元以上、1 000 万美元以下（含 1 000 万美元）的，自营业执照核发之日起 3 年内，应将资本全部缴齐；注册资本在 1 000 万美元以上的，出资期限由审批机关根据实际情况审定。本案为注册资本在 50 万美元以下的合资企业，应当自营业执照核发之日起 1 年内缴齐全部出资，因此乙方在 2015 年 2 月初提出的将其出资的期限再延长 1 年的要求是不可取的。

第五，乙方在 2015 年 3 月底要求由甲方缴纳其无力缴纳的那部分出资，也是不可取的。根据《合资企业法》，外国合营者的投资比例一般不得低于合营企业注册资本的25%，如果甲方受让了乙方的份额，就改变了双方的出资比例，外方在合资企业的出资比例只有10%了。

第六，合资企业是一种按份共有的关系，一方转让出资时，其他共有人在同等条件下有优先受让的权利。乙方以90万元出让股权时，征求过甲方的意见，甲方不愿意受让。以后乙方以75万元出让股权，甲方也享有优先受让权。乙方不能以比向甲方更优惠的条件向第三者转让股权。本案最后是以广东某开发公司向合资企业补交75万元出资，并以90万元的价格受让乙方在合资企业的股权而告终的。

案例六　规避法律的投资合同无效

国际创客阿兹兹与中国某贸易公司商谈投资项目。阿兹兹提出办超市，由其独立出资，交给某贸易公司经营。某贸易公司提出由国际创客独立出资不妥，因为中国法律不允许创办国际创客独资的商业企业，还是两家联营较好。阿兹兹表示同意。在企业筹备过程中，某贸易公司又提出不宜以国际创客名义签订合同，因为合资企业审批比较严格，应该由中国公民出面联营。阿兹兹因不了解我国国际创客投资的法律，信以为真，便委托借用中国公民张某的名义。2016年10月8日，李某出面与某贸易公司签订了一份“联营合同”。合同约定：某贸易公司提供公司的一楼作为超市的经营场所；李某（其实是阿兹兹）负责提供经营超市的有关设备、流动资金，其投资额为60万元；联营期限为10年，从2016年10月18日至2026年10月17日止；双方共同经营超市；等等。

合同签订后，双方即按约投入场地、设备和资金，2017年6月1日超市准时开业。在经营过程中，因合同是以李某的名义订立的，阿兹兹较难行使实际权利。而李某认为自己仅仅是名义上的出资人，因此对超市也不是十分关心。

在联营合同履行两年后，阿兹兹因为到外地开拓新的业务，更加无暇顾及在大陆的超市。某贸易公司在未征得阿兹兹同意的情况下，将超市从一楼搬至二楼，并发包给他人经营。阿兹兹见自己无法亲自参与超市的经营管理，超市搬到二楼后效益也大受影响，遂多次找某贸易公司协商收回投资款，但均遭到拒绝。2018年6月8日，阿兹兹向法院提起诉讼，要求某贸易公司退回其股金60万元，并赔偿其损失16万元。

（1）该超市是两个中方（某贸易公司和李某）联营的企业，某贸易公司违反联营协议擅自搬迁超市，影响了李某所代表的阿兹兹的利益，应当允许阿兹兹退出超市。某贸易公司应当退回阿兹兹股金 60 万元并赔偿其经济损失。

（2）该超市是某贸易公司和阿兹兹合资的企业，经营期限尚未届满，也未发生违法经营、严重亏损、遭遇不可抗力等法定的解散的原因，阿兹兹以超市搬迁为由要求退股没有道理。

案例问题解析：阿兹兹是否可以依法退股并索赔？合同是否有效？

首先，某公司劝阿兹兹由大陆公民出面办联营企业的做法是错误的。我国对中外合资企业的行业限制比较宽松。只要有较好的经济效益，并且采用先进技术和科学管理方法；或者有利于企业技术改造；或者能扩大出口，增加外汇收入；或者能培训技术和经管人员，都能够设立。阿兹兹不该听信某贸易公司的一面之词，步入无效合同的误区。

其次，本联营合同是无效的。本合同真正的当事人一方是某贸易公司，另一方是阿兹兹，因此他们联营开设的超市其实是一家中外合资企业。但是，当事人采取了规避法律的做法，以内资联营的形式掩盖中外合资企业的实质，逃避了必须履行的法定审批手续，所以法院应当判决该合同无效，不能履行。

最后，对这一无效联营合同的处理，要按照我国《合同法》的规定。第一，无效的经济合同从订立时起就无效，所以宣告无效后，要恢复到合同订立以前的状态，要返还财产。在本案中，超市一直在某贸易公司的掌控中，因此应由某贸易公司返还财产。但是因为某贸易公司擅自搬迁超市，已经造成不能以原物返还财产，只能要求某贸易公司根据阿兹兹的实际出资额来返还财产。某贸易公司应该返还阿兹兹投资额 60 万元。第二，无效合同往往还会造成一方或者双方的经济损失，那就应该由有责任的一方赔偿对方的损失；如果双方都有责任，就各自承担自己应该承担的责任。本案的主要责任在某贸易公司，它没有向阿兹兹如实说明有关的法律和政策，利用其不了解中国投资政策的弱点，引导其违背本意而以他人名义与之签订投资联营合同，损害了阿兹兹的合法权益，所以应当赔偿阿兹兹的经济损失。至于赔偿多少，则应当由法院根据损失的实际情况来确定。

案例七　合资企业董事长、总经理的权限

长胜公司是一家中外合资的贸易有限公司，于 2004 年底成立。公司的注册资本为 300 万美元，中方出资 200 万美元，外方出资 100 万美元。合资企业的董事会由 6 名董事组成，中外双方各出 3 名。董事长由中方原国有企业的法人代表担

任，副董事长由外方担任。公司聘请了外方推荐的人员担任总经理，聘请了中方推荐的人员担任副总经理。

公司成立伊始，总经理决定支出一大笔广告费及招待费，以扩大企业在社会上的影响。但董事长认为，过去国有企业没有花那么多钱，产品照样很受欢迎，因此不同意总经理这样做。总经理认为，这是企业的日常行政管理工作，属于总经理的职权范围，董事长无权过问，两人不欢而散。2005 年 8 月，董事长又发现合资公司进口的原材料价格过高，超过了原国有企业经营时进口的原材料价格，立即向总经理提出。总经理拿出几张报价单请董事长定夺，并声称如因此而发生技术、生产和销售等方面的问题，一概由董事长负责。董事长只得不了了之。2005 年 10 月份，合资企业急需一大笔资金，总经理在没有请示董事会的情况下，以公司的财产为抵押，向银行取得了贷款。董事长再一次向总经理提出，如此重大的问题应经董事会讨论决定，总经理强调在紧急情况下，总经理有权处理此事。双方又一次发生争议。

2006 年初，董事长决定召开全体董事会议，修改公司章程，对总经理的职权加以限制。董事长于 3 月 8 日向全体董事发出通知，宣布于 4 月 5 日召开董事会临时会议，要求各位董事前来参加。4 月 5 日那天，5 名董事出席了会议，1 名外方董事缺席。董事长宣读公司章程修改草案后，大家进行了热烈的讨论。最后表决时，3 名中方董事同意章程修改案，2 名外方董事投了反对票。董事长宣布按照少数服从多数的原则，章程修改案通过。散会后，2 名外方董事将会议讨论的情况告诉了未出席会议的那位董事，他也认为章程修改案不妥，表示反对。因此，3 名外方董事一起向董事长提出，现在是 3 票同意,3 票反对，章程修改案不能通过。董事长坚持公司章程有规定，董事会决议以参加会议的实际人数为表决基数，不参加会议即意味着放弃表决权，因此 4 月 5 日的决议不能修改。

中外双方围绕总经理的一系列决定到底有没有错，以及关于限制总经理职权的章程修改案是否有效的问题，闹得不可开交。

第一，合资企业的经营管理工作属于总经理的职权范围，董事长不应过多干预。

第二，合资企业的经营管理工作属于总经理的职权范围，一般情况下，董事长不应过多干预。但如果总经理的决策是损害公司利益的，董事长当然可以干预。

第三，合资企业董事会修改公司章程的决议经与会多数董事同意即生效，因此公司 4 月 5 日的决议有效。

第四，合资企业董事会修改公司章程的决议必须经全体董事的多数同意才生效，因此公司 4 月 5 日的决议无效。

案例问题解析：合资企业董事长和总经理的权限是什么？

首先，合资企业的最高权力机构是董事会，总经理是合资企业经营机构的总负责人，负责公司的日常经营管理工作。同时，总经理又是由董事会产生，并对董事会负责的。法律虽然对董事会、总经理的法律地位和职权范围作了规定，但是这些规定都是比较抽象的。在实践中，公司章程还应当详细列明董事会和总经理的职权范围，这样才不至于发生扯皮或者摩擦的现象。本案中公司原来的章程没有这些规定，因此无法判断总经理的决定是否超出职权范围。

其次，董事长对总经理的决定有意见，这是正常的。但通过什么方式来解决需要认真考虑。董事长对外是企业的法定代表，对内负责召集并主持董事会会议，此外并无其他更多的职权。因此，董事长不能代表董事会对总经理进行监督，也不宜在没有通知董事会的情况下直接向总经理提出意见和质询。如果董事长发现总经理有不恪尽职责的情况，应协同其他董事提议召开董事会临时会议，由董事会就此问题进行讨论并形成有关决议，责令总经理纠正；情况严重的，还可以解聘总经理。如果董事长所提的问题属于总经理职权范围内的正常工作，董事会则不应干预，以免产生不必要的纠纷，影响合资企业的经营管理。本案中董事长多次为经营管理问题直接与总经理发生冲突，这是不合适的。

再次，董事长打算通过修改公司章程来限制和确定总经理的职权，这是可行的，但他的做法不符合法定的程序。根据《实施条例》规定，召开董事会临时会议，必须有三分之一以上董事提议，此外董事会议应有三分之二以上董事出席方能举行，合营企业修改章程的决议必须经董事会会议的董事一致通过方能生效。本案中出席董事会的董事虽然超过了三分之二，但会议是由董事长一人决定召开的，修改章程的决议也未经出席会议的董事一致通过，所以该修改案无效。

最后，合资企业各方出任董事会的成员数一般应该按照出资比例来确定，而且董事会成员最好是单数。本案中各方在董事会的席位没有按照出资比例来分配，这是不符合法律规定的；本案的董事会成员是双数，这对形成决议也是不利的。

案例八　“拜庭”骗得千万元玩失踪

2012 年 3 月，一名叙利亚国际创客初来义乌，开设拜庭贸易公司，并觅得一中年女子王女士为红颜知己。很快两人就出双入对，王女士也迅速成为该国际创客的得力助手。熟悉相关流程后，王女士开始以拜庭贸易公司的名义到市场上找商户下单。

箱包、毛绒玩具、塑料制品……王女士下的单子品种不限，还有点杂，并且胃口相当大，涉及七八十家商户，货款金额达 1 000 多万元。2012 年 5 月，到了付款日期，商户的账户上却一点儿动静都没有。“您拨打的号码是空号。”王女士玩起了失踪。商户们火急火燎地赶到拜庭公司，只剩下一间空屋子。众商户对此束手无策，经侦大队为商户追回部分货物，价值达 120 万元。

案例问题解析：如何确定民事主体合法性？

王女士能否代表拜庭贸易公司？拜庭贸易公司是否应承担相应的法律后果？首先，本案中王女士并非拜庭贸易公司员工，“出双入对”“红颜知己”“得力助手”均不能确认王女士和拜庭贸易公司存在合法的劳动关系。其次，拜庭贸易公司与王女士之间不存在代理法律关系。法律上代理指以他人的名义，在授权范围内进行对被代理人直接发生法律效力的法律行为，包括委托代理、法定代理和指定代理 3 种情况，法定代理与指定代理不适用于王女士与拜庭贸易公司之间的情况，只能适用委托代理的相关法律规定。

委托代理权的取得根据是被代理人的授权行为。重大事务的授权应采用书面形式，书面形式授权即签署授权委托书。《中华人民共和国民法总则》第一百六十五条规定，委托代理授权采用书面形式的，授权委托书应当载明代理人的姓名或者名称、代理事项、权限和期间，并由被代理人签名或者盖章。本案中王女士从事的采购行为数额巨大，而且未取得书面授权委托书，因此委托代理关系不成立。

根据上述情况，本案中由王女士独立实施的采购行为引发的法律后果应由王女士独立承担；拜庭贸易公司及其法人代表叙利亚国际创客与王女士共同实施的采购行为引发的法律后果由两者共同承担；无论独立实施还是共同实施的采购行为，若货物及收益由两者分享的，两者均应承担相应的法律后果。

案例九　“托莱多”频换马甲终露馅

一条蛇把老虎给咬了，老虎气汹汹地追赶着蛇，蛇只好跳进了河里。过了一会儿，一只乌龟爬上岸。杀气腾腾的老虎一把按住乌龟，大骂：“小样！别以为穿上马甲就不认识你了。”这个流传已久的故事如今用在托莱多贸易公司上正合适。

2012 年 8 月，一位约旦国际创客来到义乌，开设了托莱多贸易公司。这位约旦国际创客在市场上主要采购饰品、鞋子、五金。几天后，他又以罗马贸易公司的名义下单。过了些天，他又成了蓝宇贸易公司的业主，累计货值超过 300 万元。

都说狡兔有三窟，他同时租了好几个仓库。正为能随心所欲更换公司抬头而沾沾自喜的这位国际创客殊不知已引起警方的注意。义乌经侦大队在日常工作中发现多个公司的地址竟然是同一个，原来是同一个业主在 1 个月之内用了 3 家公司的抬头，且这些公司均未注册，警方及时对其进行抓捕，避免了市场供货商经济损失的进一步扩大。

案例问题解析：什么是合同诈骗罪？

合同诈骗罪是指以非法占有为目的，在签订、履行合同过程中，采取虚构事实或者隐瞒真相等欺骗手段，骗取对方当事人的财物，数额较大的行为。其中包括以下要素：

第一，主观上的故意。“以非法占有为目的”即指主观上的故意。也就是说，犯罪嫌疑人在实施“采购”行为的意思表示阶段，就没有打算按约定支付合同价款。诈骗罪与民商事合同违约的区别在于，真实的采购行为应当是签订合同时主观上有履约愿望并具备预判的客观履约能力，但合同履行过程中因客观情况的变化导致合同主体失去履约能力。

第二，客观上的欺诈行为。约旦国际创客换马甲、租用不同仓库、多点下单进货均构成了客观上的欺诈行为，即以虚构的公司主体、隐瞒真相骗取货物。

第三，数额较大。个人诈骗公私财物，数额在 5 000 元至 20 000 元构成数额较大；公司及法人实施诈骗，诈骗所得归单位所有的，数额在 5 万元至 20 万元构成数额较大。

案例十　跨国销售假冒美孚润滑油

2015 年 11 月，宁波海关截获一批走私假冒润滑油，在阿里巴巴大数据协助下，义乌警方最终发现该批润滑油是从马来西亚生产灌装，从浙江、广东等地流入国内的。经过近两个多月的循线深挖，在公安部经侦局指挥下，义乌警方联合广东警方抓获犯罪嫌疑人 11 名，成功捣毁广州番禺区、天河区及义乌市仓库 3 处，现场缴获假冒“美孚”“壳牌”“嘉实多”等国际品牌假冒润滑油近万件，同时通过排查销售合同、清单等，最终确定该案的总涉案金额达上亿元。

案例问题解析：走私罪的构成要素有哪些？销售假冒注册商标的商品罪指什么？

走私罪是指个人或者单位故意违反海关法规，逃避海关监管，通过各种方式运送违禁品进出口或者偷逃关税，情节严重的行为。

销售假冒注册商标的商品罪是指销售明知是假冒注册商标的商品，销售金额在 5 万元以上的行为。

本案犯罪嫌疑人的行为同时触犯了上述两项罪名。国际创客在从事国际贸易商务行为时，要严格遵守海关法规及国内有关知识产权法相关规定。走私罪的构成要素包括以下几点：主观上的故意；客观上实施了逃避国家对外贸易管制制度和海关税收的行为；数额上走私偷逃应缴税额达到 5 万元的，构成本罪，未达到这一数额标准的，属于一般走私违法行为。

案例十一　遇到合同欺诈该怎么办?

2013 年 10 月 5 日，甲与乙签订了《房屋租赁合同》，约定将甲名下的一间门面房租赁给乙进行经营管理，合同中明确约定租期为 5 年，乙在承租期间不得转让所租赁的房屋。2015 年 6 月 13 日，乙未经房主甲的同意，欲将所租赁的该房屋转租给国际创客丙使用，并收取了国际创客丙装修补贴款 5 万元，后因房主甲不同意乙和丙之间的转租请求，国际创客丙在协商无果后，将乙诉至法院，要求其返还装修款 5 万元。

案例问题解析：遇到合同欺诈怎么办?

在本案中，承租人乙明知其未经同意转租房屋的行为违反了其与房主甲签订的《房屋租赁合同》中不得转租的约定，其故意隐瞒这一事实，使国际创客丙做出了错误的意思表示，与其达成了租赁合意，并支付了装修补贴款，因而乙的行为构成合同欺诈，国际创客丙有权请求变更或撤销合同，并要求乙返还装修款项。在日常生活中，如果遇合同相对方故意告知虚假信息或者隐瞒真实情况，以误导已方与之签订合同时，应认定为合同欺诈。根据《中华人民共和国民法通则》及《中华人民共和国合同法》的相关规定，对待合同欺诈，受欺诈方可以请求变更或者撤销该合同，或者请求确认双方的民事行为无效，继而要求返还财产、赔偿损失。若对方的行为已达到适用刑事处罚的程度，则应立即向司法机关报案，提供相关证据和线索，以及时挽回因合同诈骗所遭受的经济损失。

案例十二　合同终止与合同解除的区别是什么?

国际创客甲租赁乙的房屋用于经营宾馆。2015 年 6 月，国际创客甲与丙经协商确定：双方自2015年6月11日起合伙创建一家洗浴中心，国际创客甲占35%份额，丙占65%份额；国际创客甲所经营的宾馆折价40万元，改建成了洗浴中心，洗浴中心的装潢及日常管理由丙负责，甲、丙双方之后签订了《合伙协议》一份。之后，双方出资对宾馆进行装潢，将其改建成洗浴中心。2016年8月，丙因个人债务问题下落不明，洗浴中心亦因此关门歇业。2016年12月，国际创客甲向人民法院提起诉讼，请求解除甲、丙双方所签订的合伙协议。

案例问题解析：合同终止与合同解除的区别是什么？

在本案中，洗浴中心由甲、丙双方共同出资，合伙经营，可认定为个人合伙。双方签订了合伙协议，明确了各自的权利和义务，因丙的失踪，洗浴中心无法再通过合伙的方式正常经营，以致关门歇业。丙的不作为行为表明其未能履行合伙义务，导致甲、丙双方合伙经营洗浴中心获取利润的合同目的无法实现。根据《中华人民共和国合同法》关于合同解除的相关规定，对于一方延迟履行债务或者有其他违约行为致使不能实现合同目的的，另一方有权要求解除合同。因此，本案中的甲可以依法请求解除合同，合同解除后，合同的权利义务终止，甲可以根据丙的履约情况，要求其恢复原状、采取补救措施或者赔偿损失。

在司法实践中，合同解除与合同终止极为相似，都具有使债权债务关系归于消灭的效力。两者的区别是，合同解除可发生溯及既往的效力，可以如本案一样请求相对方恢复原状甚至赔偿损失，而合同终止仅使合同关系发生将来消灭的效力。此外，两者的适用范围也不尽相同，根据法定的合同解除情形可知，其通常被视为对违约行为的一种补救措施，实质上是对违约方的一种制裁。因此，除不可抗力的情形外，合同解除一般仅适用于违约场合。合同终止虽然也适用于一方违约的情形，但其还适用于其他非违约的场合，如合同的依约履行、债务的相互抵消、债务的免除、债权债务同归一人等，因此可以认为合同终止的范围包含合同解除。

案例十三　摁手印和签字的合同是否都成立？

2017年3月6日，老客户甲因经营需要向国际创客乙借款人民币10万元，并向国际创客乙出具了借条一张，中国自然人丙、丁（同是国际创客乙的生意伙伴）为该笔借款提供连带担保责任，担保范围包括借款本金、利息及债权人为实现债权而花费的所有费用，担保期限为两年。其中，丙在借据中担保人处签字并摁手印，丁由丙在担保人处代为签字并亲自摁了手印。借款期限届满后，甲未能及时偿还所借款项，国际创客乙遂将债务人甲及担保人丙、丁诉至法院，请求3人承担连带赔偿责任。

案例问题解析：摁手印和签字的合同是否都成立？

本案中，甲、乙双方缔结借款合同系真实的意思表示，合法有效，甲应依法偿还乙借款本金及利息。丙在借款合同中担保人处签字并摁了手印，其担保人身份确认无疑，丁并未在借款合同中的担保人处签字，仅摁了手印，根据《中华人民共和国合同法》司法解释的相关规定，当事人采用合同书形式订立合同的，应当签字或者盖章。当事人在合同书上摁手印的，人民法院应当认定其具有与签字或者盖章同等的法律效力。由此可知，本案中的丁虽未亲自签字，但其摁手印的行为与签字具有同等的法律效力，故应确认其担保人的身份，与债务人共同承担赔偿责任。当然，签字或者摁手印只是合同成立的要件，但并非意味着带有签字和手印的合同一定是有效的，如果合同具有《中华人民共和国合同法》中规定的无效情形，依然会被归于无效。

案例十四　合同上没有加盖合法、有效的公章，但有法定代表人签字，合同是否有效？

2015年2月11日，外资盛丰公司向宁发公司出具委托书一份，内容为“安龙公司：兹有外资盛丰公司委托宁发公司总经理王军同志代理我公司与贵公司办理货物采购相关事宜”。同日，宁发公司（作为乙方）、盛丰公司（作为甲方）签订了关于甲方委托乙方代理到安龙公司订购货物合作事项的代理合作协议书一份，其中第2条约定，甲方按乙方合同签订货物数量每件付乙方业务代理费（劳务费）20元。第8条约定，本合作协议一式两份，签字盖章生效。落款有甲方代理人Andy（时任外贸公司总经理）签字但未盖公章，乙方代理人王军签字并盖有宁发公司单位公章。上述协议第2条乙方业务代理费每件20元及第5条乙方代理劳务费20元/件的“20”均为宁发公司自行填写的数字，而盛丰公司持有的协议书上该数字处为空白。双方为代理合作协议书是否成立与处理委托事务而支付的费用由谁负担而发生争议。

案例问题解析：合同上没有加盖合法、有效的公章，但有法定代表人的签字，合同是否有效？

不一定，视情况而定。因双方签订的代理合作协议书中，甲方代表Andy虽在落款栏内签字但未盖章，不符合协议中签字盖章才能生效的约定，且盛丰公司方持有的协议书上劳务费一栏处为空白，说明双方对劳务费的报酬未协商一致，故该协议不能成立。但宁发公司作为盛丰公司的委托人，确实为盛丰公司与他人签订了两份货物买卖合同，后盛丰公司因货物质量问题，致合同未履行。为此，盛丰公司应承担一定的责任。《中华人民共和国合同法》第四百零五条规定："受托人完成委托事务的，委托人应当向其支付报酬。因不可归责于受托人的事由，委托合同解除或者委托事务不能完成的，委托人应当向受托人支付相应的报酬。当事人另有约定的，按照其约定。"故宁发公司为处理委托事务而支付的合理费用应由被委托人（盛丰公司）承担。

虽然法律规定采用合同书形式订立合同的，自双方当事人签字或者盖章时合同成立，但当事人有特别约定的，须依照约定执行。

案例十五　收取定金后不履行合同，只退还定金就可以吗?

2016 年 2 月 20 日，甲以代理人身份代表乙，与国际创客丙在销售公司签订了存量货物买卖合同及补充协议，双方约定将相关货物出售给丙，议定价格为 50 万余元，合同签订后，由丙向出卖方乙支付定金 1 万元，乙在收到定金后应配合国际创客丙方办理货物的所有权移转。之后，国际创客丙依约向乙方交付了 1 万元购货定金，乙迟迟不将货物转交给国际创客丙，且将货物转售他人，国际创客丙沟通与之无果后将其诉至法院，要求乙双倍返还定金并赔偿损失。

案例问题解析：收取定金后不履行合同，只退还定金就可以吗?

不可以。本案中，乙在收取国际创客丙支付的购货定金后未能按照合同约定配合丙办理货物转交，而是将货物转售给他人，导致合同无法继续履行，其行为已经构成违约，应当依法承担违约责任。根据《中华人民共和国合同法》中定金的相关规定，收受定金的一方不履行约定的债务的，应当双倍返还定金，故乙应返还丙定金 2 万元。此外，根据《最高人民法院关于审理买卖合同纠纷案件适用法律问题的解释》的相关规定，买卖合同约定的定金不足以弥补一方违约造成的损失，对方请求赔偿超过定金部分的损失的，人民法院可以并处，但定金与损失赔偿的数额总和不应高于因违约造成的损失。因此，若国际创客丙因乙的违约行为所遭受的损失高于双倍返还定金的数额，则国际创客丙有权要求乙方在违约责任内继续赔偿损失。由此可见，合同当事人一方在收取定金后若不履行合同，不仅需要依照定金罚则双倍返还定金，还有可能在违约范围内承担赔偿责任。

案例十六　没有按约定时间提货而导致货物损毁的，损失由谁承担？

乙公司向外资甲公司售卖了一批货物，约定于2017年6月30日前在C仓库提货。6月25日，乙公司将这批货物存放在仓库并通知外资甲公司提货，但外资甲公司因未能筹足货款，故未如约提货。7月3日，C仓库突发火灾，导致这批货物全部被焚。因外资甲公司并没有付款，乙公司要求国际创客甲公司赔偿全部货款，外资甲公司应当赔偿全部货款吗？

案例问题解析：没有按约定时间提货而导致货物损毁的，损失由谁承担？

外资甲公司应当赔偿全部货款。按照我国法律规定，买受人自提标的物的，自出卖人将标的物置放于约定或者法定地点时起，货物的风险由买受人承担。本案中，乙公司已经履行了自己的义务，本身没有过错，若外资甲公司能够如约提货，则货物就不会损失。《中华人民共和国合同法》第一百四十六条规定："出卖人按照约定或者依照本法第一百四十一条第二款第二项的规定将标的物置于交付地点，买受人违反约定没有收取的，标的物毁损、灭失的风险自违反约定之日起由买受人承担。"

案例十七　发票能否作为付款凭证？

2017年5月，外资A公司与B公司签订买卖合同，合同约定由外资A公司提供价值70万元的货物，B公司收到货物后先支付40万元货款，剩余30万元货款在收货后3个月内结清。外资A公司依照合同约定为B公司提供了全部货物，B公司要求外资A公司一次性开具70万元发票。2017年12月20日，外资A公司依照合同约定向B公司索要余下的30万元货款，B公司以其已经收到货物全额发票，可以证明其已经支付了全额货款为由拒绝了外资A公司的付款请求，外资A公司协商未果，遂起诉到法院。

案例问题解析：发票能否作为付款凭证？

本案中，B公司在收到货物后要求外资A公司提供货物的全额发票，但彼时其并未全额支付货款。《中华人民共和国发票管理办法》第三条规定："本办法所称发票，是指在购销商品、提供或者接受服务以及从事其他经营活动中，开具、收取的收付款凭证。”由此可知，发票并不是“开具、收取的已收付款凭证”，即发票是财务上“应收款”或者“应付款”的合法凭据，而不是指“已收款”或“已付款”的凭证。因此，B公司不能仅凭货物的全额发票证明其已经支付了全额货款，还应提供其他证据材料进行辅证。

案例十八　商业秘密的构成包括哪些要件？

2014年7月，A与外资B公司签订了劳动合同，合同约定，A的工作内容为在研发部门从事业务岗位，合同对A在工作期间掌握的外资B公司的业务、技术、客户往来、营销等企业信息约定了保密业务。2017年7月，A与外资B公司续签了劳动合同，合同期限为2017年7月27日至2019年7月26日。合同同样就A的保密义务做了和之前合同相同内容的约定，A在任职期间曾在包含保密条例的员工手册签收单上签字。2017年12月，A同外资B公司解除了劳动合同。2017年7月10日，A成立了C公司，届时A仍为外资B公司的员工。C公司的经营范围同外资B公司存在业务重合，为拓展业务，2017年11月，A通过丁快递公司向被列入外资B公司客户名单的5家公司发出快递，内呈C公司经营商品的报价单，这些商品同外资B公司以往和这5家公司交易的商品类似。2017年11月18日，这5家客户中的一家公司就报价单中的商品同C公司签署了价格协议。外资B公司知悉后，将A及C公司诉至法院，请求其停止侵犯外资B公司商业秘密的行为，并赔偿损失。外资B公司为证明A所获得的5家公司的客户名单系其商业秘密，向法院提交了一系列证据材料，包括A和外资B公司双方的劳动合同、载有A签名的外资B公司《客户信息表》和《客户拜访表管理办法》、C公司向这5家公司发出的商品报价单等。

案例问题解析：商业秘密的构成包括哪些要件？

本案中，外资B公司诉称其原旗下员工A利用在任职期间获得的外资B公司的客户名单，违反公司的保密规定，私下同客户开展交易的行为构成对其商业秘密的侵害，应当承担侵权责任。本案的关键在于确认A所披露的客户名单的确属于外资B公司的商业秘密，这便涉及商业秘密的构成。根据《中华人民共和国反不正当竞争法》的相关规定，商业秘密的构成应包括四个要素：一是不为公众所知悉，即具有一定的秘密性，公众难以通过公开的渠道获得；二是能为权利人带来经济利益，即该保密事项具有一定的价值，能使权利人从中获益；三是具有实用性，须具备实际操作性或可预期操作可能性；四是权利人须采取保密措施加以保护。具体到本案，外资B公司制定了含有保密条例的员工手册，而且对客户的相关信息，外资B公司制定了专门的审核及管理办法，只有特定的员工方能接触，也说明了其已经采取了保密措施，加之这些客户名单的商业价值表现在可增加外资B公司的交易机会，能为其带来一定的竞争优势，兼具价值性和实用性，故可以认定A所使用的客户名单为外资B公司的商业秘密，而A在尚未离职的情况下，违反公司有关保守商业秘密的要求，披露、使用其所掌握的公司客户信息，因而构成对外资B公司商业秘密的侵犯，应当依法停止侵害，并赔偿损失。

案例十九 外资企业与他人签订虚假购销合同，购买、虚开增值税发票，以达到出口退税的目的，涉案单位及人员有何法律风险?

2016年5月，个体户蒋某与龙发国际贸易有限公司签订了一份《委托授权协议书》，代表该企业在深圳等地开展木家具出口业务，同时蒋某与毛某互相串通，在没有货物交易的情况下虚开增值税专用发票214份，销售额合计1 869万元，并谎称该货物已出口，申报出口退税266万元。案发后，当地国家税务局对龙发国际贸易有限公司追缴骗取的出口退税款266万元，并处以所骗税款一倍266万元的罚款，同时对其已申报出口退税919万元不予退税。蒋某则被法院以骗税罪一审判处有期徒刑13年零6个月。

案例问题解析：外资企业与他人签订虚假购销合同，购买、虚开增值税发票，以达到出口退税的目的，涉案单位及人员有何法律风险?

让他人为自己虚开增值税专用发票，指没有货物购销或者没有提供或接受应税劳务的单位或者个人要求合法拥有增值税专用发票的单位或者个人为其开具增值税专用发票，或者即使有货物购销或者提供或接受了应税劳务但要求他人开具数量或者金额不实的增值税专用发票，或者进行了实际经营活动，但让他人为自己代开增值税专用发票的行为。本案中，蒋某让他人为自己代开增值税专用发票的行为构成了虚开增值税发票罪。

出口退税主要是通过退还出口产品的国内已纳税款来平衡国内产品的税收负担，使本国产品以不含税成本进入国际市场，与国外产品在同等条件下进行竞争。本案中蒋某没有实际产品，不具备出口经营权，也没有出口产品，虚报出口外销产品，以假报出口的欺骗手段，骗取国家出口退税款，而且数额较大，严重破坏了国家的进出口制度，构成了骗取出口退税罪。

案例二十 企业应在何时与劳动者签订劳动合同？企业与劳动者未签订书面劳动合同有何风险？

王某自2015年9月经应聘入职于某公司工作，双方口头约定试用期6个月，但未签订书面劳动合同。2016年1月，双方解除劳动关系。随后，王某申请仲裁要求公司支付未签订书面劳动合同的另一倍工资。仲裁支持王某请求。公司不服诉至法院要求判决不予支持，认为是王某自己不愿意签订劳动合同，但未提供相关证据。王某则称自进入公司工作后，多次要求与公司签订劳动合同，但公司均不予理睬。法院最终判决支持王某请求。

案例问题解析：企业应在何时与劳动者签订劳动合同？企业与劳动者未签订书面劳动合同有何风险？

《中华人民共和国劳动合同法》之所以明确要求用人单位有用工行为，即必须与劳动者签订书面劳动合同，就在于保护劳动者的弱势地位，通过签订劳动合同使劳动者和企业之间的劳动关系具有书面依据，使双方的实体权利和义务有据可循。因此，企业应自用工之日起1个月内及时与劳动者签署书面劳动合同。如果企业未在法定期间与劳动者签定书面合同，则需承担自用工之日起满1个月的次日至满1年的前一日依照《中华人民共和国劳动合同法》第八十二条的规定向劳动者每月支付两倍的工资，并视为自用工之日起满1年的当日已经与劳动者订立无固定期限劳动合同的法律后果。

案例二十一 试用期是否包含在劳动合同期限内？试用期工资是否有最低标准要求？

2012年6月1日，哈米与A公司签订了为期1年的劳动合同，从事模特工作。其中，约定试用期从2012年6月1日开始至2012年8月31日结束；试用期工资每月5 000元，转正后工资每月8 000元。入职3个月后，哈米从该公司辞职。后哈米向仲裁委员会提起申诉，要求公司支付2012年6月和7月两个月的工资差额共计2 800元及2012年8月试用期工资与转正工资之间的工资差额3 000元。仲裁裁决支持了哈米的申诉请求，该公司不服裁决结果，向法院提起诉讼。法院最终驳回了A公司的诉讼请求，判决该公司支付哈米2012年6月至8月的工资差额，共计5 800元。

案例问题解析：试用期是否包含在劳动合同期限内？试用期工资是否有最低标准要求？

首先，依据《中华人民共和国劳动合同法》的规定，员工在试用期的工资不得低于劳动合同约定工资的80%。本案中，A公司与哈米约定了转正后每月工资8 000元，则公司应按照每月6 400元的工资标准支付哈米2012年6月和7月的工资报酬。其次，用人单位与员工签订的劳动合同期限在1年以上不满3年的，试用期不得超过两个月。用人单位违法约定试用期的，应该按照正式职工待遇支付员工工作期间的劳动报酬。公司与哈米在一年期的劳动合同中约定了期限为3个月的试用期，已超过法定期限，因此A公司应该按照8 000元的工资标准支付哈米8月份的工资。

案例二十二　试用期期间企业是否应给劳动者缴纳社会保险？

2015年3月2日，王某应聘到某外资公司从事管理工作，双方签订了为期3年的劳动合同，合同约定了6个月的试用期。试用期6个月内，外资公司一直未替王某缴纳社会保险费，直到2015年10月，外资公司才为王某开始缴纳社会保险费。王某向当地社保中心投诉，要求外资公司为其缴纳试用期内6个月的社会保险费。最终社保中心支持王某的请求，责令外资公司为王某补缴试用期6个月的社会保险费。

案例问题解析：试用期期间企业是否应给劳动者缴纳社会保险？

是。《中华人民共和国劳动合同法》第七条规定，用人单位自用工之日起即与劳动者建立劳动关系。《中华人民共和国劳动法》第七十二条规定，用人单位和劳动者必须依法参加社会保险，缴纳社会保险费。由此可见，在试用期内，用人单位与劳动者已建立用工关系，试用期包含在劳动合同期限内，用人单位应在用工时就为劳动者缴纳社会保险，而不区分是否在试用期内。

案例二十三　企业制定规章制度应履行哪些程序？规章制度如何对劳动者产生约束力？

李某于2016年3月入职甲外资公司工作，双方未签订劳动合同，直至同年8月，公司要求倒签劳动合同，即将劳动合同起始时间写为李某入职之日。李某不同意，双方就劳动合同签订事宜发生争议，李某于 2016 年 9 月鼓动其他员工停止工作到相关部门进行维权。甲外资公司认为李某的行为已构成怠工、罢工和煽动他人怠工、罢工，即以李某严重违反《员工手册》规定（员工不得怠工、罢工和煽动他人怠工、罢工）为由书面通知解除双方劳动关系。李某认为其并不知晓公司相关规章制度，该《员工手册》并未公示，对其无束力，同时认为其亦无甲外资公司所指的违纪行为，便向劳动争议仲裁委员会提起劳动争议，要求公司支付违法解除劳动合同赔偿金。仲裁认为，规章制度（《员工手册》）是否已向职工公示的事实应由公司进行举证，但公司未能就此提供证据，所以应当承担举证不能的不利后果，因此该《员工手册》对李某不具有约束力，故确认甲公司违法解除劳动关系并向李某支付赔偿金。

案例问题解析：企业制定规章制度应履行哪些程序？规章制度如何对劳动者产生约束力？

本案是一起公司以员工违反规章制度解除劳动合同的案件，争议的焦点在于《员工手册》是否对劳动者有约束力。《中华人民共和国劳动合同法》第四条规定："用人单位应当依法建立和完善劳动规章制度，保障劳动者享有劳动权利、履行劳动义务。用人单位在制定、修改或者决定有关劳动报酬、工作时间、休息休假、劳动安全卫生、保险福利、职工培训、劳动纪律以及劳动定额管理等直接涉及劳动者切身利益的规章制度或者重大事项时，应当经职工代表大会或者全体职工讨论，提出方案和意见，与工会或者职工代表平等协商确定。在规章制度和重大事项决定实施过程中，工会或者职工认为不适当的，有权向用人单位提出，通过协商予以修改完善。用人单位应当将直接涉及劳动者切身利益的规章制度和重大事项决定公示，或者告知劳动者。"依据上述规定，合法有效的规章制度应当严格履行民主程序和公示程序才能对劳动者产生约束力，否则将产生对员工不具有法律约束力的后果。

本案中，公司未能提供规章制度向员工公示的证据，无法证明员工已知悉规章制度内容，从而导致败诉后果。因此，用人单位规章制度在制定时除应履行民主程序外，还应向劳动者及时公示，并保留规章制度民主讨论、签领、内部培训、劳动合同约定、传阅、意见征询等方式的记录。

案例二十四　企业与劳动者可否约定解除劳动合同条件？

方某于2015年2月1日进入某外资公司担任销售部高级客户经理，劳动合同期限至2018年1月31日，约定试用期为3个月。试用期满后，方某的销售业绩一直未能达标。2015年7月1日，应公司要求，方某与单位签署了《个人业绩改进计划》，该计划中公司给予方某3个月的观察期，方某承诺2015年7月至9月期间其本人每月的销售业绩不低于5万元，如未能完成该销售业绩，方某需自行提出辞职。后方某未能完成该销售业绩。2015年9月30日，某外资公司以方某履行其自行离职的约定为由，要求方某离职并收回了办公电脑、考勤卡等。方某依照公司要求办理了离职手续，但不认为是自行离职。后方某提出仲裁申请，要求公司支付其违法解除劳动合同赔偿金。仲裁委审理后，支持了方某的仲裁请求。

案例问题解析：企业与劳动者可否约定解除劳动合同条件？

本案实质上是某外资公司与方某约定了解除劳动合同条件，但该约定不符合法律规定，故公司要求方某离职的行为构成违法解除劳动合同。

本案中，方某未能完成销售业绩，属于不能胜任工作，按照《中华人民共和国劳动合同法》第四十条第（二）项的规定，劳动者不能胜任工作，经过培训或者调整工作岗位，仍不能胜任工作的，用人单位提前三十日以书面形式通知劳动者本人或者额外支付劳动者一个月工资后，才可以解除劳动合同。某外资公司与方某的约定实际上是在方某不胜任时单位可以立即解除劳动合同，且可以不支付解除劳动合同经济补偿金。该约定不符合《中华人民共和国劳动合同法》的相关规定，以这种方式解除劳动合同属于违反《中华人民共和国劳动合同法》，构成违法解除劳动合同。

案例二十五　劳动者未经企业批准自愿加班能否要求支付加班费？

李某与甲外资公司签订1年期的劳动合同，从事财务工作。劳动合同约定李某实行法定标准工作时间（每天8小时、每周40小时）。在职期间，李某经常在下班后自行加班完成工作。在工作过程中，李某每天下班前都向上级领导汇报当日的工作进展。一年后，李某在合同期限届满时表示不再续签，但申请了劳动仲裁要求公司支付其一年内的加班工资，并出示了一年内延长工作时间的考勤记录及每天工作汇报。公司辩称，李某平时的延时加班不是由公司安排的，而是李某自愿进行的，而且公司规章制度中有对加班需进行审批的规定，李某也知悉该规定，但李某在延时加班时并未履行公司规定的加班审批手续。因此，李某要求公司支付其自愿且未履行手续的延时加班工资缺乏依据。仲裁驳回了李某的请求。

案例问题解析：劳动者未经企业批准自愿加班能否要求支付加班费？

不能。本案争议的焦点在于未经单位审批同意的加班，单位是否应当支付劳动者加班工资。我国现行劳动法律法规并未对加班审批进行规定，但《中华人民共和国劳动合同法》第四条规定："用人单位应当依法建立和完善劳动规章制度，保障劳动者享有劳动权利、履行劳动义务。""用人单位应当将直接涉及劳动者切身利益的规章制度和重大事项决定公示，或者告知劳动者。"依此规定，用人单位经合法程序制定与国家法律不相抵触的规章制度，并告知劳动者的，双方应当予以遵守。在本案中，李某已知悉公司规章制度中关于加班需经公司主管部门审批的规定，但其并未履行审批程序。因此，王某要求支付加班工资不符合公司的加班制度规定，用人单位可以不支付其加班工资。

案例二十六　企业未为劳动者缴纳工伤保险，劳动者发生工伤后企业如何承担责任？

陈某于 2017 年 5 月入职于一家外资公司工作，双方签订 1 年期劳动合同，公司按月向陈某支付工资但未缴纳社会保险。同年 10 月，陈某在工作时不幸摔伤，被诊断为双侧腓骨粉碎性骨折，造成六级伤残，经认定为工伤。住院期间，公司承担了所有的医疗费用。但在进行第二次手术时，拒绝承担医疗费。陈某出院后向当地劳动争议仲裁委员会提起仲裁申请，要求公司赔偿医疗费、一次性伤残补助金、一次性伤残就业补助金等费用。仲裁裁决支持陈某的请求。

案例问题解析：企业未为劳动者缴纳工伤保险，劳动者发生工伤后企业如何承担责任？

本案涉及的是用人单位未给劳动者缴纳保险，在发生工伤时责任如何承担的问题。依据《中华人民共和国劳动法》第七十二条的规定，用人单位和劳动者必须依法参加社会保险，缴纳社会保险费。陈某自入职之日起即与公司形成劳动关系，公司应当及时为陈某缴纳社会保险。陈某在工作中发生事故受到伤害，经劳动部门已认定为工伤，但公司没有为陈某缴纳工伤保险，按照《工伤保险条例》

的规定，应由用人单位按照工伤保险待遇项目和标准支付陈某相关的工伤待遇。

案例二十七　企业能否与在孕期严重违纪的女职工解除劳动合同？

朱某于2012年9月进入甲外资公司工作，双方签订了为期5年的劳动合同。公司《员工手册》《行为规范》等朱某均签收确认并承诺遵守。2016年2月，朱某因怀孕向公司请病假1个月。病假期满后朱某未到公司上班，也未按公司规章制度办理任何手续。公司多次通知朱某尽快到单位上班，但朱某接到通知后，一直未再回到公司。同年4月，公司根据单位的规章制度解除与朱某的劳动合同。后朱某称自己是因怀孕不上班，公司不应解除她的劳动合同，要求公司撤销解除劳动合同的决定。公司不同意，朱某遂向当地劳动人事争议仲裁委员会提起仲裁申请。仲裁委员会作出裁决书驳回了朱某的请求。朱某不服提起诉讼，本案经过一审、二审后朱某的请求均未获得支持。

案例问题解析：企业能否与在孕期严重违纪的女职工解除劳动合同？

可以。本案争议的焦点是用人单位能否与在孕期严重违反规章制度的女职工解除劳动合同。依据《中华人民共和国劳动合同法》第四十二条的规定，女职工在孕期、产期、哺乳期的，用人单位不得依照本法第四十条、第四十一条的规定解除劳动合同。也就是说，用人单位不得以非因劳动者过失、单位裁员等与孕期、产期、哺乳期的女职工解除劳动合同。虽然国家法律对女职工孕期、产期、哺乳期给予特殊保护，但这种保护并不是无条件、无原则的。如果上述女职工严重违反用人单位的规章制度，用人单位有权依据《中华人民共和国劳动合法法》第三十九条解除劳动合同。因此，本案中，用人单位依据劳动者严重违反规章制度为由解除劳动合同是合法有效的。

案例二十八　劳动合同终止后企业是否应支付劳动者补偿金？补偿金的支付标准有哪些？

2014年3月，楼某与甲外资公司签订了3年的劳动合同，在劳动合同到期前，甲外资公司人力资源部通知楼某不再续签劳动合同。楼某遂要求公司支付经济补偿金，公司则认为合同是正常到期终止，而且按照《中华人民共和国劳动合同法》

的规定，提前一个月通知员工，所以不需要再支付经济补偿金。楼某离职后申请劳动仲裁要求公司支付补偿金，仲裁最终支持了楼某的请求。

案例问题解析：劳动合同终止后企业是否应支付劳动者补偿金？补偿金的支付标准有哪些？

本案争议的焦点是劳动合同到期终止后，用人单位是否应向劳动者支付经济补偿金。根据《中华人民共和国劳动合同法》的相关规定，劳动合同期满，除用人单位维持或者提高劳动合同约定条件续订劳动合同，劳动者不同意续订的情形外，用人单位应当向劳动者支付经济补偿。同时，《中华人民共和国劳动合同法》第四十七条还对经济补偿的计算进行了规定："经济补偿按劳动者在本单位工作的年限，每满一年支付一个月工资的标准向劳动者支付。六个月以上不满一年的，按一年计算；不满六个月的，向劳动者支付半个月工资的经济补偿。劳动者月工资高于用人单位所在直辖市、设区的市级人民政府公布的本地区上年度职工月平均工资三倍的，向其支付经济补偿的标准按职工月平均工资三倍的数额支付，向其支付经济补偿的年限最高不超过十二年。本条所称月工资是指劳动者在劳动合同解除或者终止前十二个月的平均工资。"

由此可以看出，劳动合同终止后，只有在用人单位维持或者提高劳动合同约定，因劳动者本人不愿意续订合同的情况下，用人单位才无须给劳动者经济补偿金。在本案中，劳动合同终止时用人单位并没有主观意愿与劳动者订立劳动合同，最终造成劳动者不能续订劳动合同，因此应给予劳动者经济补偿金。

案例二十九　误付款到别人的账号，对方不返还，怎么办？

2015 年 9 月 14 日，国际创客甲误将 26 400 元汇入乙的账号，事后，国际创客甲多次与乙沟通，要求其返还不当利益，乙迟迟不还，故国际创客甲将乙诉至法院。法院审理查明，国际创客甲从事摩托车、汽车配件生意，往来账款委托其弟丙收支。与国际创客甲有生意往来的客户中有两人同名同姓，其中包含本案当事人乙。事发当天，国际创客甲委托其弟丙向案外人丁汇货款 26 400 元，丙通过网银支付货款时，误将此笔款项汇到了与客户丁同名同姓的当事人乙的账户。9 月 15 日，案外人丁向国际创客甲催要货款时，国际创客甲才发现汇款错误。之后，国际创客甲要求乙归还其错误汇出的 26 400 元，乙予以拒绝，但未能提供证明该笔款项系其合法所得的依据。

案例问题解析：误付款到别人的账号，对方不返还，怎么办？

本案中，国际创客甲因操作失误将款项汇到乙的账户，当事人乙不能提供此笔款项是其合法所得或者两者间存在账务往来的证据，故其取得该款项没有合法根据，属于不当得利。《中华人民共和国民法通则》第九十二条规定："没有合法根据，取得不当利益，造成他人损失的，应当将取得的不当利益返还受损失的人。"故本案的不当得利者乙应将此款项及其利息（以 26 400 元为本金，按中国人民银行同期活期存款利率自 2015 年 9 月 15 日起计算至实际履行之日止）返还国际创客甲。

综上，若不慎付款到别人的账户，经协商，对方仍不予以返还的，可将其起诉至人民法院，以对方不当得利为由主张返还。

案例三十　用虚构的公司名义买卖货物并骗取货款的行为如何认定？

国际创客甲虚构了一家有限公司（未进行工商登记）A 公司，并以 A 公司的名义与 B 公司签订了买卖合同，向 B 公司出售电视机 200 台，B 公司要求将合同中的付款方式约定为"货到付款"。后国际创客甲又以 A 公司的名义与 C 公司签订了采购合同，从 C 公司处采购电视机 200 台，国际创客甲在合同中要求 C 公司将货物送至指定地点后付款，实际上国际创客甲指定的该收货地址系 B 公司的办公地址。C 公司按照合同约定的日期将货物送至国际创客甲指定的收货地址，并要求国际创客甲接收货物，在卸货过程中，国际创客甲趁机从 B 公司处收取货款人民币 60 余万元后逃匿。C 公司将全部电视机卸货后，要求在场的 B 公司人员签收电视机并支付货款时，才得知 B 公司已将货款交给国际创客甲。因拨打国际创客甲的电话始终无法接通，C 公司欲将已卸货的电视机拉回，但 B 公司称货款已付，拒绝 C 公司拉回电视机。双方争执不下，遂报警。

案例问题解析：用虚构的公司名义买卖货物并骗取货款的行为如何认定？

根据《中华人民共和国刑法》第二百二十四条的规定，国际创客甲以虚构 A 公司的名义及销售电视机的事实与 B 公司签订了买卖合同，隐瞒了公司所卸货物的真实情况，骗取了 B 公司支付的货款 60 余万元，国际创客甲的行为已构成了合同诈骗罪。国际创客甲虚构了不存在的 A 公司的名义及购买电视机的事实，并与 C 公司签订了买卖合同，但国际创客甲主观上并非要非法占有 C 公司的财物，其安排 C 公司送货至 B 公司，实际是为了实现其从 B 公司处骗取货款的目的，且 C 公司的货物卸货后，国际创客甲及 B 公司均未签收，该批电视机并未实际交付，因此C公司仍享有该批电视机的所有权及控制权。故本案中的实际受害人应当为B公司，C公司有权取回送至B公司的200台电视机。

附件1　常用知识产权法律法规目录

一、著作权

1. 法律

《中华人民共和国著作权法》

2. 行政法规

《中华人民共和国著作权法实施条例》
《音像制品管理条例》
《出版管理条例》
《广播电视管理条例》
《计算机软件保护条例》

3. 部门规章

《计算机软件著作权登记办法》
《互联网出版管理暂行规定》

4. 司法解释

《最高人民法院关于审理涉及计算机网络著作权纠纷案件适用法律若干问题的解释》
《最高人民法院关于审理著作权民事纠纷案件适用法律若干问题的解释》

5. 国际公约

《伯尔尼保护文学和艺术作品公约》
《保护表演者、录音制品制作者和广播组织的国际公约》
《保护录音制品制作者防止未经许可复制其录音制品公约》

二、商标权

1. 法律

《中华人民共和国商标法》

2. 行政法规

《中华人民共和国商标法实施条例》
《特殊标志管理条例》
《奥林匹克标志保护条例》

3. 部门规章

《奥林匹克标志备案及管理办法》
《信息产业部关于从事域名注册服务经营者应具备条件法律适用解释的通告》
《关于禁止仿冒知名商品特有的名称、包装、装潢的不正当竞争行为的若干规定》
《驰名商标认定和保护规定》
《中国国际经济贸易仲裁委员会关于〈中国互联网络信息中心域名争议解决办法〉补充规则》
《中国互联网络信息中心域名争议解决办法》
《中国互联网络信息中心域名争议解决办法程序规则》
《互联网域名管理办法》
《国家工商行政管理局关于解决商标与企业名称中若干问题的意见》
《商标评审规则》
《商标印制管理办法》

4. 司法解释

《最高人民法院关于审理商标民事纠纷案件适用法律若干问题的解释》
《最高人民法院关于审理商标案件有关管辖和法律适用范围问题的解释》
《最高人民法院关于诉前停止侵犯注册商标专用权行为和保全证据适用法律问题的解释》
《最高人民法院关于对注册商标专用权进行财产保全和执行等问题的复函》

《最高人民法院关于审理涉及驰名商标保护的民事纠纷案件应用法律若干问题的解释》

《最高人民法院关于涉及驰名商标认定的民事纠纷案件管辖问题的通知》

5. 国际公约

《商标注册用商品和服务国际分类尼斯协定》
《商标注册条约》
《商标国际注册马德里协定》
《马德里商标国际注册实施办法》
《商标国际注册马德里协定有关议定书》
《商标国际注册马德里协定实施细则》

三、专利权

1. 法律

《中华人民共和国专利法》

2. 行政法规

《国务院关于修改〈中华人民共和国专利法实施细则〉的决定》
《中华人民共和国专利法实施细则》
《专利代理条例》
《集成电路布图设计保护条例》
《中华人民共和国植物新品种保护条例》

3. 部门规章

《国家知识产权局关于电子专利申请的规定》
《农业植物新品种权代理规定》
《专利申请号标准》
《专利实施强制许可办法》
《关于加强对外贸易中的专利管理的意见》
《专利代理惩戒规则（试行）》
《农业植物新品种权侵权案件处理规定》
《集成电路布图设计保护条例实施细则》

《专利权质押合同登记管理暂行办法》
《关于香港回归后中国内地和香港专利申请若干问题的说明》

4. 司法解释

《最高人民法院关于审理专利纠纷案件适用法律问题的若干规定》
《最高人民法院关于对诉前停止侵犯专利权行为适用法律问题的若干规定》

5. 国际公约

《专利合作条约》
《国际承认用于专利程序的微生物保存布达佩斯条约》
《国际专利分类斯特拉斯堡协定》

四、综合

《中华人民共和国知识产权海关保护条例》
《关于国家科研计划项目研究成果知识产权管理的若干规定》
《国家知识产权局行政复议规程》
《建立世界知识产权组织公约》
《与贸易有关的知识产权协定》
《保护工业产权巴黎公约》

附件2　涉外劳动法律法规目录

《中华人民共和国劳动合同法》
《中华人民共和国劳动法》
《中华人民共和国劳动合同法实施条例》
《外国人在中国就业管理规定》
《劳动部办公厅关于贯彻实施〈外国人在中国就业管理规定〉有关问题的通知》
《外商投资企业劳动管理规定》
《劳动和社会保障部办公厅关于对事实劳动关系解除是否应该支付经济补偿金问题的复函》
《劳动和社会保障部办公厅关于最低工资问题的复函》

《工资集体协商试行办法》

《外商投资企业工资集体协商的几点意见》

《劳动部关于实行劳动合同制度若干问题的通知》

《外商投资企业外国专家管理办法》

《劳动部关于印发〈关于贯彻执行《中华人民共和国劳动法》若干问题的意见〉的通知》

《劳动部关于发布〈违反《中华人民共和国劳动法》有关劳动合同规定的赔偿办法〉的通知》

《劳动部关于印发〈实施《中华人民共和国劳动法》中有关劳动合同问题的解答〉的通知》

《外商投资企业档案管理暂行规定》

《集体合同规定》

《劳动部关于印发〈违反和解除劳动合同的经济补偿办法〉的通知》